생명의 바벨탑과 판도라의 상자

생명의 바벨탑과 판도라의 상자

김광연

서현사

머리말

* 나비효과, 그의 말 한마디에

고대와 중세는 형이상학(metaphysics)의 꽃이 가장 화려하게 핀 시기였다. 형이상학은 보이지 않지만 다른 사물의 근원이 되는 실재를 다루는 학문이다. 형이상학은 중세를 거치면서 화려한 꽃을 피운다. 형이상학은 신 중심의 가치관이 지배하는 세계관에서 최고의 학문으로 자리 잡았다.

근대로 접어들자 새로운 가치관이 우리를 맞이하고 있었다. 근대 철학의 아버지 르네 데카르트(René Descartes)는 "나는 생각한다. 고로 존재한다."라는 유명한 말을 남겼다. 누구나 다 아는 말이지만 이 한마디는 나비효과를 만들어낸다. 한 마리 나비의 날갯짓이 거대한 토네이도를 만들어내는 것처럼 데카르트의 말 한마디로 휴머니즘의 토네이도가 몰아칠지 누가 예상을 했겠는가? 그의 말을 시작으로 근대는 새로운 국면으로 접어들었다. 신 중심의 세계관에서 인간 중심의 세계관으로 탈바꿈하면서 인간은 과학기술과 손잡고 열어서는 안 될 판도라 상자의 뚜껑을 열었다. 판도라 상자를 연 인류는 과학기술을 손에 쥐고서 드디어 '신놀이(playing God)'가 가능해진 것이다.

* 휴머니즘의 파티에 초대된 생명공학 기술

중세의 신 중심적 가치관과 달리, 근대에는 인간 이성의 꽃이 피기 시작했다. 인간은 사물이나 대상을 규정하는 주체가 되었다. 사유하는 인간은 오랫동안 지속되어 온 신 중심의 세계관, 곧 신본주의를 인본주의로 바꾸고 있었다. 달리 표현하면 휴머니즘(humanism)이 구현되는 세계관이 펼쳐진 것이다.

신본주의 세계관에서 인간은 신 앞에서 나약한 존재였다. 하지만 휴머니즘 시대에 인간은 초라한 모습을 감추고 신에게 서서히 질문을 던지기 시작했다. 당연히 존재할 거라고 믿었던 초월자에 대해 서서히 의문을 품기 시작한 것이다. 근대가 서서히 자리를 잡아 가면서 인간의 생각과 판단은 세상의 모든 기준이 되었다. 게다가 과학의 발달은 예상치 못한 변화를 가져왔다.

휴머니즘은 근대 이후 소소한 파티를 즐기기 시작했다. 어느 날 그 파티에 과학기술이 초대되었다. 지극히 엄밀성을 무기로 삼는 과학기술이 휴머니즘과 친구가 되면서 휴머니즘의 가치는 더욱 빛을 발했다. 인류는 지속적으로 과학기술을 발전시키고 일상의 가치를 더욱 소소하고 재미있게 만들어 갔다.

이제 과학기술은 새로운 인류의 동반자가 되어 더 이상 인류가 떨어질 수 없는 관계가 된 것이다.

과학기술은 휴머니즘의 파티에 폭죽을 터뜨리면서 화려함을 수놓기 시작했다. 인류는 그 불꽃의 아름다움에 매료되어 과학기술의 유혹에서 벗어날 수 없었다. 과학기술에 빠진 인류는 이제 눈에 보이지 않는 실재를 추구했던 형이상학에서 서서히 등을 돌리기 시작한다. 과학기술의 엄밀성과 객관성은 인류에게 많은 혜택을 가져다주었다. 인류는 과학기술로 하늘에 내리는 비를 측정하고 가뭄을 예측하고, 풍랑도 예측할 수 있게 되었다. 더 이상 인간은 기우제를 지낼 필요도 없고, 바다의 신 포세이돈에게 인간의 나약함을 보일 이유가 없어졌다.

결국 과학기술은 질주의 본능을 감추지 못하고 제4차 산업혁명으로 이어면서 형이상학의 위기감은 최고조에 이르렀다. 그리고 생명공학 기술을 발전시킨 인간은 판도라 상자의 뚜껑을 열고 말았다. 인류가 열어서는 안 되는 판도라 상자를 열자 상상치 못한 일들이 일어나기 시작했다. 그 가운데서 가장 무서운 것은 과학기술을 손에 넣은 인류가 하는 신의 놀이였다. 질병을 치료하기 위한 의학기술과 삶의 질을 높이기 위한 공학기술이 인류의 신세계를 만들어 가기 시작한 것이다.

* 판도라의 상자와 신의 놀이

1996년 복제양 돌리(Dolly)가 태어나면서 과학기술은 신의 놀이를 즐길 판도라 상자를 열고 말았다. 쉽게 말해 복제양 돌리는 자연의 출산 방식으로 태어난 것이 아니라 과학기술을 이용한 체세포 복제기술로 태어난 것이다. 체세포 복제기술은 생식세포를 제외한 모든 세포를 가지고 복제할 수 있는 것을 말한다. 체세포는 우리 신체의 어디에서든 찾을 수 있다. 입속 침샘에서도 머리카락이나 피부에서도 발견된다. 이 기술은 자연스러운 수정 방식이 아니라 신체의 일부 세포를 전기자극을 통해 수정란을 만드는 것이다. 인류는 이제 인간을 복제하는 기술까지 도전하는 것에 전혀 거리낌이 없어졌다.

오늘날 과학기술은 맞춤아기(designer baby), 디자이너 베이비)를 만들 수 있게 되었다. 과학자들은 인간의 우수한 유전자만을 선별해서 아이를 자유자제로 '제작'하는 맞춤아기를 만들 수 있는 유전공학 기술을 성공시켰다. 실제로 영국과 중국에서는 이미 이 기술이 시행되고 있다. 그러므로 이제 인류는 유전공학 기술로 '신놀이'를 할 수 있게 된 것이다.

2020년 우리는 과학기술의 혜택이 없이는 하루도 살 수 없게 되었다. 어쩌면 인류를 기술에 복종하게 만드는 것이 과학기술의 전략일지도 모른다. 프리드리히 니체는 자신의 글에서 '기계 장치의 신(deus ex machina)'이라는 말을 사용했다. 그는 인간의 고유한 능력, 즉 감정이나 공감 능력 그리고 사랑 같은 삶의 유연성, 예술과 선율은 점점 상실되고 그 자리를 수학이나 논리 그리고 규격화와 척도 등이 대체되고 있다고 지적한 것이다.

앞으로 하나님 놀이를 즐기는 기계의 신은 어쩌면 인류의 공감 능력까지 빼앗아갈 것처럼 보인다. 이미 인공지능(AI) 기술은 스스로 음악을 만들고 예술을 창작하고 있다. 기계의 신은 서서히 인간의 마음까지 길들이면서 서로를 아껴주는 배려감과 사랑의 감정까지 흡수할 전략을 모색하고 있는 듯하다. 그리고 과학기술은 인간의 종교적 가치까지 흔들어놓고 있다.

이 책에서는 유전공학 기술과 인공지능 기술이 판도라의 상자를 열고는 하나님 놀이를 하고 있다고 경고한다. 그리고 우리에게 질문을 한다. '과학만능주의 시대에 신학과 종교, 철학은 전지전능한 과학기술이 몰고 올 어두운 그림자에 대응할 준비를 제대로 하고 있는가?'라고.

* 두 얼굴의 기술: 가면 속 어두운 그림자

2020년 세계는 지금 바이러스와 전시상태에 직면해 있다. 코로나바이러스감염증-19(COVID-19)로 전 세계는 전쟁을 방불케 하고 있다. 세계보건기구(WHO)는 결국 전염병 경보단계 중 최고 위험 등급인 팬데믹(pandemic)을 선언했다. 전 세계에 퍼진 바이러스로 인해 지구촌 행사인 올림픽이 연기되고, 세계의 모든 경제는 마비 상태에 빠졌다. 항공과 선박의 이동이 잠정적으로 중단되는 사태까지 벌어지고 있다.

과학이 발달되지 않은 중세시대에는 흑사병이라는 페스트로 많은 사람들이 희생되었다. 당시에는 과학이 발달되지 않았기 때문에 그 병의 원인 조차 파악할 수 없었다. 후에 과학의 발달로 인류는 그 병의 원인과 치료제를 개발할 수 있었다. 그러나 과학기술이 발달한 21세기 과학자들은 코로나19를 대항할 수 있는 백신을 개발하고 있어 코로나19를 점령할 날도 멀지 않아 보인다. 과학기술은 인류에게 헤아릴 수 없는 희망의 메시지를 전해주는 것은 사실이다.

하지만 과학기술의 희망은 여기까지였다. 과학기술은 서서히 두 얼굴을 보이기 시작했다. 마치 동전의 양면처럼 과학은 인류에게 많은 혜택을 주지만 한편으로는 조용히 어두운 그림자를 드리운다. 두 얼굴을 가진 과학기술의 참 모습은 과연 어떨까? 우리에게 비춰진 과학기술의 숨겨진 실제 모습은 어떤 것일까? 우리는 이 책에서 과학기술의 가면을 벗기려고 한다. 그 가면의 끝이 우리에게 칼끝을 겨누고 있는 것은 아닌가?

필자는 "유전자 편집 기술의 메타모포시스"(2019), "생명공학시대의 융합윤리교육의 필요성과 생태중심의 윤리교육"(2019) 등 그동안 연구했던 학술 및 학위논문과 인터넷 신문에 기고한 칼럼(2020)을 토대로 수정보완을 거쳐 이 책을 재구성했다.

지금까지 과학기술에 대한 많은 저서들이 출판되었다. 그럼에도 불구하고 이 책은 과학기술시대에 등장할 여러 윤리적 문제들을 기독교적 입장에서 다루고 있다. 특히 이 책은 인공지능시대가 온다는 사실을 염두에 두고 미래의 모습과 인간의 실존에 대해 기술했다.

끝으로 이 책을 마무리하면서 여러 교수님들의 소중한 가르침이 떠오른다. 무엇보다 처음 생명윤리에 관심을 가지고 있을 때, 논문을 지도해주시고 원서 읽기와 원문 독해를 시작으로 연구자로 성숙할 수 있도록 항상 이끌어주시는 김선욱 교수님께 깊은 감사를 드린다.

생태신학과 조직신학을 지도해주신 전현식 교수님과 의료윤리와 유전학을 지도해주시고 방학 동안에도 꼼꼼히 챙겨주신 이일학 교수님께 깊은 감사를 드린다.

생명윤리를 지도해주시고 원서들을 꼼꼼히 챙겨주신 김상득 교수님과 구영모 교수님께, 논문 과정에 있을 때 늘 격려해주시고 논문을 지도해주신 권수영 교수님과 이용주 교수님께, 연구 업적을 지속적으로 쌓을 수 있게 배려해주신 백도형 교수님과 박준상 교수님께도 깊은 감사를 드린다. 또한 학문의 업적을 쌓기 위해 밤새도록 책과 씨름하는 동료 교수님들에게도 고마움과 응원을 아끼지 않는다.

부족한 원고를 신뢰하고 기쁨 가운데 선뜻 출판을 허락해준 서현사 조재성 대표님과 좋은 책을 만들어준 편집부에게 감사드린다.

이 책이 포스트휴먼과 인공지능시대에 철학적이고 신학적 성찰을 하는 독자들에게 작은 메시지로 기억되기를 바란다.

SOLI DEO GLORIA

2020년 6월

김 광 연

차례

머리말 4

Part 1. 판도라의 상자에 갇힌 자연 15

Part 2. 판도라의 상자와 비밀의 숲 23
1. 우생학과 유전공학의 만남 24
2. 판도라의 상자 속 디자이너 베이비 34

Part 3. 신놀이 하는 유전공학 기술 41
1. 신놀이, 그들만의 잔치 42
2. 휴먼 클론과 생명공학의 바벨탑 50

Part 4. 메타모포시스와 비밀의 정원 67
1. 자연과 기술의 메타모포시스 69
2. 자연, 하나님의 품으로 되돌려야 77

Part 5. 카이로스적 창조와 크로노스적 세계 87
1. 동산의 첫 열매, 선악 속 인간의 신놀이 88
2. 카이로스적 창조와 크로노스적 세계 97

Part 6. 기독교유전자생명윤리의 아우디레 105
1. 신학과 과학의 랑데부 106
2. 생명의 바벨탑, 복제인간이 태어나면 117

Part 7. 추락하는 형이상학에 날개를 125
1. 신명령론과 인간의 무지 126
2. 메멘토 모리, 추락하는 형이상학의 날개 135
3. 갓난아이의 울음과 숨소리 142

Part 8. 포스트휴먼, 인간을 말하다 151
1. 기계의 신과 인공지능 152
2. 휴머노이드, 사람인가 기계인가? 172

Part 9. 유전공학, 종교에게 말을 걸다 207

참고문헌 219
찾아보기 233

Part 1.

판도라의 상자에 갇힌 자연

'판도라의 상자(Pandora's box)'는 그 누구도 열어서는 안 될 비밀스러운 공간이었다. 하지만 판도라는 자신의 욕심에 빠져 그만 상자를 열고 말았다. 판도라의 상자가 열리자마자 온갖 재앙이 세상에 퍼지고 오직 희망만이 그 상자 속에 남게 되었다. 지금 우리는 판도라의 상자 속에 보관된 생명공학 기술을 얻기 위해 상자를 개봉했다. 뚜껑이 열리자마자 그 속에는 있던 맞춤아기, 유전자 가위, 인간복제, 인공지능, 사이보그 등 온갖 기술들이 세상 밖으로 튀어나왔다. 상자 속에 갇혀 남아 있는 것은 오직 하나님의 창조세계뿐이었다.

이제 우리는 상자 밖으로 나온 생명공학 기술에 대해 하나씩 하나씩 마주하며 머나먼 여정을 떠나야 한다. 그리고 상자 속에 남아 있는 창조세계를 구하기 위해 다시 판도라를 불러내야 한다. 그 판도라는 다름 아닌 우리의 윤리적 성찰과 역할이다.

생명공학자들은 우수한 유전형질을 개량할 목적으로 새로운 우생학(eugenics)을 만들어냈다. 과거 우생학은 우성 유전자를 고르는 적극적 우생학과 열성 유전자를 가진 자를 제거하는 소극적 우생학으로 나눠 전개됐다. 이후 유전학의 발달과 생명복제 기술 덕택으로 인간의 유전자를 편집하는 기술이 등장했다. 이에 우생학 기술은 새로운 전기를 마련하였는데 이 때 등장한 우생학이 '개량주의 우생학'이다.

개량주의 우생학은 유전학의 도움으로 우성 유전자를 쉽게 선별할 수 있게 되었고, 이 기술은 신체 증강(enhancement)까지 발전했다. 하지만 개량주의 우생학은 질병치료를 위한 명분을 갖지만 '유전자 결정론(genetic determinism)'의 주장을 여과 없이 받아들인다. 이를 토대로 유전자를 개량하는 기술까지 이어지면서 많은 윤리적 문제들을 가져왔다.

생명공학자들은 배아(embryo) 상태에서 특정 유전질환에 노출된 유전자를 검사하여 유전질환을 가진 배아를 걸러낼 수 있게 되었다. 또 그들은 산전 진단 검사를 통해 건강한 태아를 출산할 수 있는 기술을 선보이고 있다. 특히 생명공학자들은 단순한 질병치료를 넘어 우생학적으로 우수한 유전자를 가진 아이를 출산할 수 있는 기술을 시도하고 있다. 이들은 이른바 '맞춤아기'와 같이 우수한 유전형질을 가질 수 있는 기술까지 실험하고 있다. 그러나 우리가 염려하는 것은 우생학이 단순히 질병을 치료하는 목적을 넘어서는 것에 있다. 혹시나 복제기술, 유전자 편집, 맞춤아기 등을 통한 신체 증강을 목적으로 우생학이 발달하는 것은 아닌가?

만약 개량주의 우생학이 질병치료의 목적이 아니라 신체 증강을 목표로 한다면 유전자 차별을 가져오고 사회적 신분의 불평등을 야기시킬 수 있다. 유전자 선별에 따라 새로운 신분 계급사회가 등장하게 되고, 이 때문에 우리는 생명정치의 영역으로 관심을 가지게 할 것이다. 또한 우수한 유전자 선별로 인해 계층 간의 분화(分化)로 발생되는 유전자 계급과 위계는 사회적 신분의 차별을 낳을 수 있다.

생명복제시대에 접어들어 유전자 조작 기술과 맞춤아기의 등장은 인간 존엄성과도 밀접하게 관련된다. 특히 신학과 철학에서 추구했던 전통적 가치관을 다시금 살피도록 우리를 요청한다. 현재 유전자 조작 실험이 진행되면서 과거에 다루어 왔던 인간 이해에 관한 방법들은 한계를 드러내고 있다.

개량주의 우생학 시대에 등장한 실험들은 인간 출생 이전 상태인 수정란(fertilized egg)과 배아 같은 존재를 대상으로 한다. 이 때문에 기존 존재에 대한 윤리적 이해를 넘어선 새로운 성찰들이 필요하다. 이제 개량주의 우생학 시대에 살고 있는 학자들은 생태신학적 입장에서 자연 본성의 역행하는 행위에 대해 성찰해야 한다.

이러한 문제의식들을 고민하면서 저자는 개량주의 우생학에 대해 생태학적 견해를 가지고 몇 가지 논의를 전개할 것이다. 우선 유전자 조작 및 편집 기술, 맞춤형 아기, 인간 종의 개량 기술이 우리 삶에 어떤 문제를 가지는지 살펴볼 것이다. 그리고 그 기술 이면에 숨어 있는 인간중심주의를 다룰 것이다.

생명복제 연구자들은 인간의 편의를 위해 인간 유전자를 선별하거나 동물의 유전자를 조작하는 실험을 진행하고 있다. 우리가 이처럼 생명의 다양성을 획일화시킨다면 창조질서와 생태계의 교란이 불가피할 것이다. 인간의 유전자를 조작하거나 복제기술이 지속된다면 우리가 중요하게 여기는 과학기술은 인간 생명을 하나의 도구나 수익성의 대상으로 여기게 될 것이다.

생명복제 기술은 다양한 동식물의 유전자들을 인위적으로 '규격화'하면서 단종, 즉 유전자를 하나로 통합시키는 기획을 조장하고 있다. 이 기술은 지금 생명을 수치화 또는 계량화하고 있다. 이러한 기술들은 자연과 생태 중심의 가치에 벗어나 인간중심으로 기획되어 실험된다. 이 책에서 우리는 기술에 의해 조종되는 인간의 삶과 기술의 노예화 시대에 인간 존엄성의 상실을 살펴볼 것이다.

개량주의 우생학 시대에 생명복제 연구자들은 우리의 생명을 하나의 대상으로 생각하고 유전자를 조작하고 있다. 과학자들은 복제기술을 수행하는 과정에서 여러 윤리적 문제들을 놓치고 있다. 이런 상황에서 이 책은 기존 전통적 신학에서 보는 관점을 넘어 새로운 복제기술의 윤리적 논의를 제시할 것이다.

생명복제 기술이 등장하면서 인간의 본성을 길들이는 것은 물론 유전자를 편집해서 우수한 유전자를 선별하는 기술이 선보이고 있다. 뿐만 아니라 이런 기술은 새로운 종의 계급사회, 즉 생명정치의 등장이 예고된다. 이에 이 책은 개량주의 우생학에 관해서 생태신학적인 접근을 시도할 것이다. 그 대안으로는 생명평등주의와 기독교유전자생명윤리를 꼽을 수 있다. 지금으로서는 인간 생명을 직접적으로 다루는 생명공학 기술에 관한 신학적 성찰은 그 기술 발달을 따라잡기에 역부족이다. 특히 인간 생명을 다룰 때 생명복제 기술은 유전자 편집과 조작 실험을 하면서 기술의 불안전성과 그 기술에 따른 결과의 '예측 불가능성'을 낳고 있다. 이 책은 우리가 생명공학기술이 낳은 미래의 위험성에 대해 직시하고 생명의 가치와 존엄성에 대한 성찰을 필요로 한다는 것을 지적하고 있다.

무엇보다 이 책은 복제시대에 등장하게 될 종의 차별을 지적한다. 우수한 유전자와 그렇지 않는 유전자의 차별을 염려해서 우리는 '생명평등주의'를 다룰 것이다. 예수는 우리에게 "네 이웃을 내 자신처럼 사랑하라."고 했다. 우리는 예수의 가르침을 기억하고 새로운 신분의 차별이 발생될 사회에 생명평등의 가치를 제시할 것이다. 또한 선한 사마리아인처럼 진정한 이웃의 모범 사례를 보면서 이웃과 약자의 입장을 대변했던 예수의 아가페 사랑과 보살핌을 제시할 것이다.

미래 생명복제시대에는 지금 우리가 살고 있는 시대와 달리 그 발전 속도가 엄청나게 진행될 것이다. 과학기술의 발전에 비해 신학적 성찰은 너무 더디고 과학기술의 속도를 뒤쫓아 갈 수 없을 정도다. 언젠가는 인간복제시대가 올 수밖에 없지만 그때서야 신학의 뒤늦은 성찰은 균형 감각을 상실할 것이다. 미래의 그 순간은 어느 날 '갑자기' 우리에게 다가오지 않는다. 바로 지금 우리의 모습이 덧칠해져 미래의 시간이 다가오는 것이다. 이에 우리는 '지금부터' 복제시대를 준비해야 한다. 어느 순간 복제인간이 등장하여 그 기술과 그 존재에 대해 논의하는 것은 뒤늦은 후회만 있을 뿐이다.

끝으로 이 책은 복제기술과 신체 증강 기술에 나타난 인간 실존의 다양한 변화에 주목할 것이다. 과학기술은 '만약'의 실현 가능성보다는 '사실'을 토대로 다양한 실험을 진행한다. 그 과정에서 우리는 복제기술이 0.1% 실현 가능성을 가지고 있더라도 염려해야 한다. 희박한 가능성이 99%의 가능성을 앞지를 수 있다는 것도 기억해야 한다. 기존의 연구가 인간복제의 윤리적 문제와 그것의 위험성에 주목했다면 이 책에서는 그 위험성을 넘어 실현 가능성을 두고 논의할 것이다. 도래할 인간복제시대에 앞서 신학, 철학, 법학, 생명공학 등 다양한 학문의 의견들을 수렴하는 작업은 중요한 의미를 가질 것이다.

이러한 여러 상황들을 고려할 때 우리는 복제기술과 실현 가능성의 시대를 더 이상 미루어서는 안 된다. 복제시대에 생명복제를 연구하는 생물학자와 과학자, 의료법학자를 포함한 생명윤리학자와 신학자들은 앞으로 복제기술에 관련된 윤리적 성찰을 위한 생명윤리공동체를 구축해야 한다. 이 공동체는 환자에게는 질병치료를 적극적으로 권장하지만 신체개량과 복제기술에 대해서는 비판의 목소리를 내야 한다.

또한 생명윤리공동체는 신학과 유전공학 그리고 생명윤리를 융합시켜 연구하는 기독교유전자생명윤리를 전개해 나가야 한다. 이 책은 인간복제시대와 인공지능시대가 다가올 경우를 대비해서 신학과 교회 공동체가 앞으로 무엇을 준비하고, 또 복제인간과 인공지능 휴머노이드를 어떻게 대해야 할지에 대해서도 논의한다.

무엇보다 이 책은 제4차 산업혁명과 생명공학 기술의 발전으로 유전자의 선택을 받은 복제인간과 맞춤아이에 대한 우리의 책임을 살펴본다. 그리고 복제인간의 정체성과 복제인간의 삶, 복제인간이 우리 사회에 태어났을 때 우리의 역할에 대해서도 논의한다. 끝으로 우리는 이 책에서 인간처럼 생각할 수 있는 휴머노이드를 어떻게 다가가야 할지에 대해서도 고민거리를 찾을 수 있을 것이다.

Part 2.

판도라의 상자와 비밀의 숲

1. 우생학과 유전공학의 만남

* 우생학과 유전공학의 만남, 개량주의 우생학의 탄생

인류는 남들보다 우수한 외모를 가지고 싶어 한다. 그리고 인류는 자신의 자녀들 또한 남의 자식들보다 뛰어난 유전자를 남겨주고 싶어 한다. 우리는 그렇게 살아가는 방식이 자연스러운 것이라고 여겼다. 사람들의 희망은 오랜 노력 끝에 결실을 맺을 수 있게 되었다. 인류의 소망과 관심은 마침내 우생학을 탄생시켰다.

미국에서 우생학의 흐름을 주도한 대표적인 우생학자 찰스 데이번포트(Charles B. Davenport)는 인간 형질에 나타난 유전자의 다양한 영향들을 분석하고, 유전원리를 통해서 인종을 개량할 수 있는 가능성을 제시했다.[1] 그는 좋은 유전자를 적극적으로 장려하고, 국가 차원에서도 우수한 유전자를 개선하는 데 한몫 했다. 그는 연구에 몰두해서 잡종 교배에 대해 더욱 매진하고, 이를 토대로 유전학과 생물통계학을 정립하는데 기여했다. 그는 사람의 피부 색깔과 질병의 유무, 신장과 눈, 머리카락의 색깔, 심지어 지능 등의 신체적 형질도 유전된다고 생각하였다.[2]

---

1) Nathaniel Comfort, "The Eugenic Impulse," *The Chronicle of Higher Education*, 2012, 42.

2) 이언 윌머트 · 로저 하이필드/이한음 옮김, 『복제양 돌리 그 후』, 사이

이후 과학자들은 우생학을 더욱 연구하여 인간의 게놈(genome) 지도와 접목시켰다. 과학자들이 인간의 유전체를 완성하자 그들은 또 다른 유전자 혁명을 준비하고 있었다. 바로 우생학과 생명공학의 만남이었다. 우생학과 생명공학의 결합은 개량주의 우생학을 만들어냈다. 개량주의 우생학은 기존의 인종 개량을 목적으로 하는 우생학과 유전공학 기술이 손잡고 만들어낸 것이다. 둘의 만남은 결국 유전공학의 꽃을 피웠다.

복제시대가 성큼 다가오고 인간 유전자 지도가 완성되면서 유전자를 치료하는 기술은 더욱 보편화되었다. 유전자 지도의 완성과 질병의 유전자를 밝혀내는 과학자의 성과는 질병치료의 속도를 더했다. 생명복제시대에 복제기술은 동전의 앞뒷면처럼 긍정적인 면과 부정적인 면 모두를 가지고 있다.

복제기술을 사용해서 복제양 돌리를 탄생시킨 과학자들은 이후 다양한 동물 복제기술을 선보였다. 하지만 복제기술이 아직까지는 높은 폐사율 등 여러 문제들을 낳고 있어서 눈에 띌 정도의 성과를 보이는데 한계가 있다. 과학자들은 체세포 복제기술이 동물복제를 통해 우수한 가축을 생산하는 목적으로 사용되길 원했다. 그래서 과학자들은 멸종 위기에 놓여 있는 동물들을 보존하기 위해 복제기술을 사용했다. 이러한 기술은 장기적으로 멸종위기에 있는 종(種)의 동결 보존을 위해 나중 다시 복제기술로 복원할 수 있을 뿐만 아니라 동물을 출

언스북스, 2009, 326.

산하는 데 활용할 수 있어 상당한 가치를 기대할 수 있다.[3)]

유전자 치료는 질병의 치료와 신체 개량의 목적으로 구분된다.[4)] 질병치료의 목적은 불치병과 같이 기존의 치료의 한계를 극복하기 위해 사용된다. 하지만 우리가 염려하는 신체 개량의 목적은 질병치료의 기술을 넘어선다. 이는 유전자 조작 및 편집 기술로 우수한 유전자를 선별하는 것과 관련된다.

우리의 염려는 이 기술이 신체 개량주의의 목적으로 발전되는 것이다. 이 기술은 치료와 개량, 이둘 사이에서 애매모호한 위치에 서 있다.[5)] 유전자 치료를 목적으로 사용되는 복제기술 및 유전자 치료 기술들은 그 기술이 치료인지, 신체를 개량하는 것인지의 모호함을 지니고 있는 것이다. 이 문제가 해결되지 않는 상황에서 연구자들이 질병치료를 명분으로 삼고 연구를 진행하고 있다.

우리는 동물복제를 넘어 배아복제 및 인간복제를 시도하는 데 있어서 상업적 가치와 윤리적 한계에서 갈등하고 있다. 복제기술은 치료용 복제와 생식적 복제로 구분된다. 치료용 복제기술은 동일한 세포를 복제하여 환자에게 이식하여 질병을 치료하는 데 사용된다. 반면 생식 목적의 복제는 유전적으로 동일한 배아나 인간 개체를 복제하여 불임 부부에게 자녀를

---

3) 성환후 외 6인, “체세포 복제기술의 현황과 사업적 활용”, 「농업과학연구」 Vol.49(2015), 213.

4) LeRoy Walters & Julie Palmer, *The Ethics of Human Gene Therapy*, New York: Oxford University Press, 1997, xviii. 김상득, 『생명의료윤리학』, 철학과현실사, 2001, 185 재인용.

5) 김상득, 『생명의료윤리학』, 185-187.

갖게 해줄 수 있다.[6] 오늘날 우리 사회에서 복제기술은 생식의 개인적 자유와 권리를 인정한다는 측면에서 유전자 선택의 권리를 인정하자는 의견이 지배적이다. 이런 측면에서 개인의 자유를 인정하고 생식의 자유를 최대한 보장할 수 있다는 점에서 그 기술이 어느 부분 허용되고 있다.[7] 무엇보다 이 복제기술의 가장 큰 수혜자는 불임 부부들에게 아이를 가질 수 있게 해주는 것이다. 많은 불임 부부들이 체외수정을 통해 임신을 시도하고 있다. 현재로서는 유성생식 방식으로 인공수정(IVF)을 시도하고 있지만 복제기술이 발전되면 불임부부들이 아이들을 가질 수 있는 확률이 높아진다. 체외수정 기술은 나이가 든 여성에게는 성공률이 높지 않다는 단점을 가지고 있다. 이 때문에 병원에서는 젊은 여성의 난자를 사용해서 임신 성공률을 높이는 시도를 하고 있다.[8]

마지막으로 신기술이라 불리는 유전자 치료 기술은 기존에 불치병을 치료하게 해줄 것이다. 유전자 치료 기술은 질병의 유전자를 갖고 있는 DNA를 빼내어 그 자리에 건강한 DNA로 바꾸는 편집 기술이다.

생명윤리학자 그레고리 펜스(Gregory E. Pence)는 "부모의 생식 세포에 유전자 편집 기술을 적용하게 될 경우 앞으로 태

---

6) Jennifer A. Parks & Victoria S. Wike, *Bioethics in a Changing World*, Pearson Education Inc, 2010, 442-443.

7) Gregory E. Pence, *Who's Afraid of Human Cloning*, Rowman & Littlefield Publishers, 1998, 99-101.

8) 위의 책, 106-108.

어날 자녀들이 어떤 변이를 경험하게 될지 알 수 없게 된다." 고 했다. 하지만 그는 "우리가 유전병을 자녀에게 물려주지 않기 위해서 수정란이나 배아를 치료할 때 그 기술의 가능성에 대해 반대할 사람은 적을 것"이라고 했다.[9]

치료 목적을 위해 유전자 치료 기술을 옹호하는 사람들은 유전병을 가진 아이의 출생을 막기 위해 착상 전 산전 진단을 거친다. 과학자들은 유전적 결함을 가진 배아에서 줄기세포를 추출해서 유전자를 교정하고, 핵 이식 과정을 거친 뒤 다시 건강한 난자를 넣어 배아를 만들면 가능하다고 한다. 생명복제 연구자들이 이 기술을 오직 치료 목적에 한해서 끔찍한 병을 지닌 아기를 치료하기 위해 사용한다면 그나마 논란의 여지가 줄어들 수 있다. 이 기술을 이용하면 무도병이라는 헌팅턴병을 가진 아이의 운명을 사전에 바꿀 수 있다.[10]

치명적인 유전병에 노출된 환자들의 생식세포는 그 질병의 유전자를 가지고 있어서 다음 세대에게 그대로 전달된다. 헌팅턴병 유전자 발견에 기여한 낸시 웩슬러(Nancy Wexler)는 체세포를 이용한 핵이식 기술은 유전병을 가진 부모들에게 건강한 아이를 가질 수 있게 해줄 수 있다고 말한다.[11] 세상의 어느 부모가 자식이 유전병을 가지고 태어나기를 바라겠는가? 유전자 치료 기술은 인류의 질병을 정복하는 데 필요하다. 다

---

9) 위의 책, 105-106.
10) 위의 책, 325-326.
11) 위의 책, 105-106.

만 그 기술은 지극히 제한적이어야 하고, 기술에 대한 책임이 반드시 요구되어야 할 것이다.

복제양 돌리 실험의 주인공인 이언 윌머트(Ian Wilmut) 박사와 같은 연구팀들은 유전질환을 가진 부모들에게 건강한 자녀를 갖게 해주는 데 도움이 되겠다고 했다. 생명복제 연구자들은 기술의 안정성이 확보된다면 복제를 목적으로 사용하는 것을 검토해야 한다고 했다.[12] 하지만 복제기술이 인류에게 가져다 줄 희망과 달리 그 기술이 가진 불확실한 결과들에 대해서는 여전히 논란이 끊이질 않는다. 복제기술이 생식을 돕고 질병치료에 도움 되는 것은 사실이다. 하지만 생명복제 기술이 본래의 목적과는 달리 다르게 사용될 경우 많은 문제가 제기된다.

인간은 출산이라는 놀랍고 경이로운 자연적인 현상에 의존하여 아이를 돌보는 양육의 책임을 정착시켜왔다. 자기 분신에 대한 사랑 곧 자신의 자녀는 모든 부모에게 신비스럽고 동시에 최고의 가치를 가진다. 이러한 가치는 아이를 낳고 돌보면서 공동체에서의 연대감 및 소속감을 가질 수 있게 해준다.[13] 하지만 복제기술이 질병치료의 영역에서 벗어나 인간복제 제작 기술로 이동할 수 있다는 것은 우려스러운 대목이다. 시카고대학 생명윤리학자 레온 카스(Leon Kass)는 앞으로 복

12) 이언 윌머트 · 로저 하이필드, 『복제양 돌리 그 후』, 326-327.
13) Leon Kass, "The Wisdom of Repugnance," *Flesh of My Flesh*, Rowman & Littlefield Publisher, 1998, 23-24.

제기술은 인간의 새로운 삶을 생산할 수 있는 변화를 가져올 것이라고 했다. 그는 다음 세대 아이들에게 자율권 침해를 가져오고 인간의 내적 의미의 상실을 가져올 것이라고 했다. 또한 우리가 기존의 죽음에 대해 대처하는 삶의 모습도 변화될 것이라고 보았다.[14)]

1980년대 미국 과학자들은 아이들의 키와 호르몬 결핍의 상관관계를 밝혔다. 그들은 아이의 키가 작은 이유는 호르몬의 결핍에 있다는 것을 알게 된 것이다. 그 후 과학자들은 키가 작은 아이들에게 성장 호르몬을 사용해야 한다고 주장했다. 성장 호르몬은 일반적인 아이의 키를 성장하는 데도 사용되었다. 당시 성장 호르몬은 치료 목적이 아닌 개량의 목적으로 사용되는 허점을 안고 있었다.

마이클 샌델(Michael J. Sandel)은 호르몬 치료가 왜 키가 아주 작은 아이들에게만 적용이 가능한지에 대해 질문한다. 그는 이 치료제가 평균키 보다 큰 아이들 모두에게 제공하는 의술이 되면 안 되는지에 대해 의문을 가지고 있었다. 그리고 정상적인 키를 가진 아이들이 이 처방전을 받아서 키가 크면 안 되는지에 대해 질문한다.[15)] 샌델은 평균 키 이하의 아이들에게 성장 호르몬 주사를 놓는 것은 치료이고, 평균키 이상의 아이들에게 성장 호르몬을 투여하는 것은 신체를 개량하는

---

14) 위의 책, 23-24.

15) 마이클 샌델/강명신 옮김, 『생명의 윤리를 말하다』, 동녘, 2010, 44-45.

‘증강’라고 할 수 있는지에 대해 질문한다. 그는 유전자 치료와 강화의 모호성을 지적하면서 유전적 강화의 가능성을 내비친다. 이런 의미에서 센델은 우리가 흔히 질병을 치료하는 것과 성형수술을 통해 개선하는 것의 모호한 경계 설정이 불가능하다고 본다. 샌델은 유전적 강화와 그 기술의 문제는 인간 행위의 주체성을 훼손하는 것보다 더 중요한 문제를 가지고 있음을 지적한다. 그는 인간 본성을 포함해 자연을 우리의 목적과 요구를 충족하기 위해 새롭게 만들려는 인간의 과도한 열망을 문제로 지적했다. 그는 이러한 기술이 인간의 타고난 재능과 노력에 의한 성취가 주는 가치를 상실하게 만들 것이라고 보았다.[16)]

* 디자이너 베이비, 초인의 시작인가?

개량주의 우생학 시대에 나타난 신체 증강, 질병치료 그리고 예방에 나타난 기준의 모호성은 공동체에서 풀어야 할 숙제이다. 현대 생명복제 기술은 과거의 배아복제 기술을 넘어 체세포 핵치환 기술과 유도분화 줄기세포 기술까지 이어지고 있다. 하지만 이런 기술이 가진 문제는 질병치료를 위한 목적을 넘어서 있다. 이 기술이 사용되는 과정에서 어디까지 신체의 기능을 강화시키는 증강인지에 대한 모호성이 문제가 된다.[17)] 뿐만 아니라 이 기술은 ‘디자이너 베이비’, 즉 원하는

16) 위의 책, 57-58.
17) 송기원, 『생명과학, 신에게 도전하다』, 동아시아, 2017, 120-121.

유전자만을 골라 만들 수 있는 맞춤아기의 가능성까지 발전되고 있다. 개량주의 우생학의 목표인 질병치료와 인종개량은 현 시점에서 충분히 가능하다. 이런 시대에 우리는 우생학의 긍정적인 부분에 대한 이해와 함께 우생학이 지향하는 인종개량에서 나타나는 인간 존엄성 문제도 논의해야 한다.

또한 제4차 산업혁명과 함께 많은 과학자들은 생명 연장 기술 및 인간과 컴퓨터의 상호 결합 등 다양한 영역에서 연구하고 있다. 과학자들은 신체의 노화를 더디게 하는 기술까지 연구하면서 성장호르몬 등의 관련 자료를 수집하고 있다. 특히 그들은 면역력 강화, 항노화, 인지기능 강화 및 저하 예방 등 다각도로 연구하고 있다. 수명을 연장하는 데 사용될 인체냉동보존술(cryonics)의 발달로 사람의 몸을 냉동보존해서 의학기술이 발전될 때까지 보관할 수 있게 되었다.[18] 인체냉동보존술을 수행하는 알코어 생명연장재단(Alcor Life Extension Foundation)은 2017년 1618명 이상의 구성원과 354명의 협력 인원을 갖춰 냉동보존 상태를 보유하고 있다. 이 기술은 미래 새로운 기술 개발이 되었을 때를 가정하여 현대의학 기술로 생명을 유지할 수 없는 사람을 액체질소 상태로 보존하는 것이다.[19]

더 나아가 인류는 신체와 기계를 결합하는 인공보조 장치를

18) 신상규, 『호모사피엔스의 미래』, 아카넷, 2014, 77-83.
19) 이혜영 외 3인, 『트랜스 휴머니즘과 포스트휴머니즘』, 한국학술정보, 2018, 29-30.

만들어 수명을 연장하는 데 사용할 것이다. 이 기술들은 단순히 의족이나 의수를 만드는 것을 넘어 인공신장 또는 인공심폐장치 같은 신 기계를 신체 외부에 부착해 수명을 연장하게 될 것이다.[20]

신체개량 기술과 관련해 주목할 것은 슈퍼지능의 출현이다. 슈퍼지능은 인간의 두뇌를 뛰어넘는 지능을 말한다. 이 지능은 인간 지능을 컴퓨터에 업로드한 뒤 빠른 속도로 인간 두뇌에 연결망 구조를 스캔한 뒤 인간과 동일한 계산 구조나 과정을 전자장치에 구현하는 것을 말한다. 이는 인간 정신을 두뇌에서 컴퓨터로 전송하는 업로드 기술을 말하는 데 생물학적 두뇌에서 기계 칩으로 바꾸게 된다. 슈퍼지능은 우리의 두뇌가 계산하는 속도보다 몇 배 빠르고 질적인 측면에서 인간을 앞서게 될 것이다.[21]

인간이 상상했던 생명연장 기술은 과학에 의해 실현 가능성이 한층 높아졌다. 우리의 유한한 삶이 무한한 영생으로 대체할 날이 멀지 않아 보인다. 인류는 점점 죽음을 극복하고 영생을 추월하는 '호모 데우스(Homo Deus)'가 되어가고 있다. 결국 인간은 판도라의 상자 속 유전자 편집 기술을 꺼내어 초인(super human)으로 되어가고 있다. 과학자들은 상자 속에는 하나님의 창조세계만 남겨두고 뚜껑을 닫고 말았다.

20) 신상규, 『호모 사피엔스의 미래』, 86.
21) 위의 책, 94-95.

2. 판도라의 상자 속 디자이너 베이비

* 영국, 맞춤아기 첫 단추를 열다

인류는 배아를 복제하는 기술을 넘어 새로운 유전자를 편집할 수 있게 되었다. 지난 2017년 생명복제 기술은 유전자를 마음대로 편집할 수 있는 기술과 맞춤아기 기술 및 배아편집 기술까지 실현가능해졌다.

배아편집기술은 편집 기술 단계를 넘어 유전질환을 가진 특정 DNA를 잘라내고 그 자리에 건강한 유전자를 집어넣을 수 있는 유전자 가위 기술까지 이어지고 있다. 크리스퍼 유전자 가위(CRISPR-Cas9) 기술은 유전자를 인위적으로 편집할 수 있다. 유전자 가위는 질병을 가진 유전자의 일부를 자르는 인공효소를 가리킨다. 이 기술은 건강한 유전자를 선별해서 질병을 가진 유전자의 일부분을 제거한 뒤 그 자리에 대체하는 것을 말한다.22)

지난 1990년 당시 유전병 가족력이 있는 이들에게 새로운 희망을 안겨다주는 소식이 전해졌다. 영국 런던 해머 스미스 병원에서 연구하는 로버트 윈스틴(Robert Winton)과 앨런 핸디사이드(Alan Handyside) 연구개발팀은 초기 배아상태, 즉 6~8포기의 세포로 형성된 작은 점 모양의 세포 하나를 분리시

22) "신의 영역에 도전, 크리스퍼(CRISPR) 축복인가, 재앙인가?", IT 뉴스, 2015년 11월 26일자.

켜 그 세포 증폭 기술을 통해 유전자 검사를 실시했다. 당시 일부 전문가들은 이 검사에서 배아에 유산이 생길 가능성이 있다는 우려를 제기했지만 근거는 없었다. 당시 배아복제 기술은 질병치료 뿐만 아니라 선천적 질병을 가진 가족력이 있는 부모로부터 태어날 자녀에게 건강한 몸을 물려줄 수 있는 놀라운 방법이다.[23)]

지난 2015년 영국에서 세계 최초로 세 부모의 유전자를 가지고 태어난 디자이너 아기를 치료목적에 한해서 허용했다. 영국 하원은 지난 2015년 2월 3일 유전자 속에 결함을 가진 여성의 난자를 제거하고 대신 그곳에 건강한 유전자를 대신 이식하여 임신이 가능하도록 하는 인간생식배아법 수정안을 통과시켰다.[24)] 이 법을 쉽게 말해 세부모법이라고 칭한다. 이유는 부모와 다른 사람의 유전자, 총 3명의 유전자, 3명의 부모를 가진 아이가 태어나는 것을 일컫는다. 최근 한국인이 함께 참여한 국제 공동연구진은 《네이처》에 세부모법에 대한 문제들과 이를 개선할 수 있는 방안을 담은 논문을 발표했다. 기존의 기술로 불가능하다고 여겼던 기술들이 지금은 실현 가능성을 내비치면서 과학계는 사뭇 긴장하고 있다.[25)]

---

23) 이언 윌머트 · 로저 하이필드, 『복제양 돌리 그 후』, 320-321.

24) "세 부모 DNA 아기 허용… '불임치료' '맞춤 출산' 논란". 경향신문, 2015년 2월 4일자.

25) "한번 더 진화한 세 부모 아기", 매일경제, 2016년 12월 7일자.

* 세계는 맞춤아기 경쟁, 영국에 이어 중국에서도

지난 2016년 중국에서는 중산대학 연구개발팀이 DNA를 편집하고 교정할 수 있는 기술 즉 유전자 가위 기술을 선보였다. 이 기술을 통해 원숭이의 배아를 편집하여 유전적으로 동일한 맞춤형 원숭이를 만드는 데 성공했다. 이러한 기술은 앞으로 인간을 대상으로 할 경우 유전자 선별을 통해 우생학적으로 맞춤아기가 탄생할 가능성을 보여주고 있다.[26)]

생명복제 기술이 등장하면서 맞춤아기 기술의 시대가 열리게 되고, 우생학으로 우수한 유전형질에 대해 관심이 고조되고 있다. 사회 구조가 다양해지면서 우수한 인재를 선별하는 과정에서 맞춤아기 기술은 다음 세대를 걱정하는 부모에게 관심거리인 것은 분명하다. 피 한 방울로 질병의 유무를 판단할 수 있는 시대가 오면서 사람의 유전자까지 결정할 수 있는 시대가 도래할 가능성이 제기된다. 미래에는 이처럼 피 한 방울로 이력서를 대체할 날들이 올 수도 있고 사람의 유전자로 사회적 신분이나 직업 등 우리 삶의 다양한 것들이 결정되는 시대가 올 가능성이 높다.[27)] 그렇다면 이런 획기적인 우생학적 기술로 인간의 질병을 치료하고 노화를 방지할 수 있는 기술이 왜 문제가 될까?

먼저 유전자 편집 기술은 사람의 배아를 대상으로 실험을

---

26) "유전자 편집시대, 과학은 축복인가, 재앙인가" 동아뉴스, 2015년 11월 7일자.
27) 김광연, 『유전자 정치와 호모 데우스』, 서현사, 2018, 98.

진행하기 때문에 배아의 지위에 관한 윤리적 문제가 제기된다. ‘배아는 인간과 동등한가?’ 만약 배아가 사람과 동등하다면, 배아 실험은 사람과 동등한 지위를 가진 존재를 대상으로 실험하는 것과 같기 때문에 윤리적 문제에서 자유로울 수 없다. 이와 달리 배아가 사람과 동등하지 않고 단지 세포에 불과하다면 배아를 대상으로 하는 실험은 허용될 수 있을 것이다.

복제기술은 동물이 아닌 인간 배아를 대상으로 실험하는 데 배아가 ‘잠재적 인간’이라는 점에서는 논란의 중심에 서 있다. 배아를 대상으로 하는 실험은 인간 생명을 대상으로 할 수 있다는 가능성과 연결된다. 만약 배아가 인간과 동등한 지위를 가진다면 배아를 실험 대상으로 삼는 것은 엄격히 금지되어야 할 것이다. 생명복제 실험은 인간을 대상으로 하기 때문에 실험 결과의 예측 불가능성은 무척 염려된다. 복제기술은 그것이 가진 장밋빛 희망보다는 보이지 않는 공포에 우선시할 수밖에 없다.[28)]

기독교적 입장에서 배아는 사람과 동등한 지위를 가지고 있다. 인간 생명의 시작과 끝의 주인은 하나님이시기 때문에 인간이 인위적으로 생명의 영역에 기술적으로 개입할 수 없다. 호세아 12장 3절에 “야곱이 태에서 자신의 형의 발꿈치를 잡았다.”라는 표현을 사용하고 있다. 이는 산모의 뱃속에 있는 야곱이 출산 이전부터 영혼을 가진 인격적 존재라는 것을 말

28) 이일학, “의학연구에서 위험성 평가”, 「생명윤리 정책연구」 Vol.2 (2008), 220.

해주고 있다. 세례요한은 이미 모태에서 성령 충만함을 입었다는 표현으로 사용되고 있다. 이는 모태에서 작은 생명체에 하나님의 개입이 있었다는 사실을 말해준다.[29] 성경에서 언급되었듯이, 이미 산모의 모태에서 작은 생명체에 하나님의 간섭이 있었고, 모든 생명의 탄생은 하나님이 주관하고 있다는 것을 알아야 한다.

또한 배아복제 기술과 인간복제 기술의 연관성도 우리의 주목을 끈다. 이미 과학자들은 동물실험에서 복제기술의 성과를 보이고 있다. 이 실험이 단지 동물을 대상으로 한다는 점에서는 윤리적인 논쟁에서 피할 수 있다. 하지만 만약 과학자들이 통제되지 않는 연구실에서 인간을 대상으로 실험을 한다면 그 기술이 가진 위험성은 더욱 부담될 수밖에 없다. 가까운 미래에 생명공학자들이 동물 실험을 넘어 인간복제 기술까지 시도한다면 실제로 그 기술의 위험성은 가히 짐작할 만하다.

과학자들이 던지는 농담이 있다. 그들은 "인간복제 기술은 불가능한 것이 아니라 우리들은(과학자들은) 그 기술이 혐오감과 사회적 혼란을 가져올 수 있기 때문에 안 한다."고 말한다. 실제로 과학자들은 윤리적 논의와 별개로 언제든 밀실에서 복제기술을 실험할 수 있다.

만약 통제력 없는 기술과 과학자들의 무모한 도전이 인류의 욕망과 결합된다면 우리의 미래는 어떻게 될까? 그들이 하나

---

29) 이상원, "생명윤리와 기독교 교육", 「기독교교육연구」, Vol.16(2006), 53-54.

님 놀이를 하게 되면 우리의 앞날은 어떻게 될 것인가? 그들이 욕망으로 뭉쳐진 기술이 뒷받침되면 언제든 인간복제 실험을 할 수 있다. 그들의 욕망은 신에게 도전장을 내밀고 있다. 다가올 시대에는 생명복제 기술로 인해 인간복제 및 동물의 이종교잡 실험 등이 가능할 것으로 예상된다. 생명공학 기술의 하나님 놀이가 시작된 것이다. 그 끝은 어디인가? 그들이 서서히 생명의 바벨탑을 짓고 있다.

Part 4. 메타모포시스와 바벨의 정원

1. 자연과 기술의 메타모포시스

1) 애벌레의 꿈, 창조자와의 약속

맞춤아기를 소제로 다룬 영화「가타카」가 개봉된 지 20년이 흘렀다. 과거 공상과학영화로 기억되는 것과 달리 이 영화의 소제는 이제 현실이 되고 말았다. 2018년 중국에서는 세계 최초로 허젠쿠이(賀建奎) 박사가 유전자 편집 기술을 이용해 맞춤아기 기술의 성공 소식을 알렸다. 소식통에 따르면 세계 최초 에이즈(AIDS) 바이러스에 저항할 수 있는 유전자를 가진 배아를 편집했다고 언급한 것이다.[58] 허젠쿠이 박사의 실험이 알려지자마자 과학자와 윤리학자들은 일제히 비난했다.

* 애벌레의 비상(飛上), 메타모포시스의 이중성

한 마리의 애벌레는 꿈을 가지고 있었다. 자신은 언젠가 날개를 펴고 창공을 훨훨 날아다니는 꿈을 꾸었다. 애벌레는 자신의 날개를 바람에 맡겨 어디론가 훨훨 날고 싶어 했다. 마침내 시간이 지나 유충 애벌레의 비상(飛上)이 다가오고 있었다. 우리는 애벌레가 나비가 되는 과정을 교과서에서 배운 아주 선명한 기억을 가지고 있다. 교과서에는 배추흰나비의 애

58) "中과학자, 세계 최초 '유전자 편집'아기 출산 성공", 연합뉴스 2018년 11월 26일자.

벌레가 성충이 되는 과정이 사진으로 등장한다. 나비는 알에서 애벌레로 그리고 번데기의 과정을 통해 변태(變態)를 한다. 기존 자신의 모습에서 완전히 탈바꿈해서 새로운 형태로 바뀌어 자신의 꿈을 실현한다. 나비는 마침내 양 날개를 펼치고 창공을 날아간다. 나비는 생물학적인 변화를 경험하는데 이를 변태, 즉 '메타모포시스(metamorphosis)'라고 한다.

우리가 익히 교과서에서 배운 나비의 변화는 동일한 유전자를 지닌 상태에서 외형적인 형태만 바뀌는 것이다. 메타모포시스는 한 개체가 유전적인 동일성을 유지한 채, 다른 외형으로 변화하는 과정을 거친다. 자연에서 우리는 이런 변화들을 쉽게 관찰한다. 잠자리의 애벌레도 물속에서 살면서 여름이 되어 자신의 꿈이 실현된다. 개구리가 올챙이 시절을 기억 못 하는 것도 일종의 변태의 결과이다. 이런 과정에서 우리는 지극히 자연스러운 것을 발견하고, 이 과정을 거쳐 자연은 순환한다. 그리고 자연은 유전적인 변화 없이 창조자의 섭리를 지키면서 창조질서와 약속이나 한 듯 자연스럽게 흘러간다. 비록 작은 애벌레가 나비가 되고 자신의 꿈을 이룰 수 있는 것은 '창조자와의 약속' 때문일 것이다.

우리의 삶은 어떠한가? 우리도 이런 메타모포시스를 경험하는 것은 아닌가? 막 태어난 아이들은 부모의 품에서 자라 서서히 자신의 삶을 만들어간다. 우리도 메타모포시스의 삶을 살아간다. 우리는 유전적으로 동일한 성질을 유지하면서 서서히 늙어간다. 어쩌면 생물학적인 변화, 메타모포시스는 창조자

Part 3.

신놀이 하는
유전공학 기술

1. 신놀이, 그들만의 잔치

유전공학 기술은 미래 세대에 닥칠 가난과 빈곤을 막기 위한 목적에서 시작되었다. GMO 기술은 이미 전 세계적으로 농산물의 대량생산에 많은 기여를 하고 있다. GMO 기술로 농산물 생산자들은 짧은 시간에 우수한 품종을 대량으로 공급할 수 있게 되었고, 복제기술로 이미 복원 불가능한 멸종 동물을 보존하는데 그 활용도가 넓어지고 있다. 이처럼 복제기술이 다양한 방면으로 활용되면서 이 기술은 과학자들에게 새로운 기회를 제공해주었다. 국내에서도 지난 1992년 과학자들은 복제기술을 이용해서 영롱이(young-long)를 만들었다. 동물복제 기술에 성공한 생명공학자들은 서서히 인간복제 기술에 대해 관심을 가지게 되었고, 그 첫 단추로 유전자 편집 기술을 시도했던 것이다.

하지만 인간을 복제하는 기술은 인간 삶의 미정성(未定性), 즉 미래가 정해지지 않는 우연에 기대어 살 수밖에 없는 존재를 파괴한다. 인간의 삶은 한치 앞을 알 수 없다. 오직 하나님만 미래를 알 수 있다. 하지만 인류는 정해지지 않는 미래를 예측하는 신의 영역에 도전하고 있다. 과학자들은 인간을 복제하여 수명을 무한정 연장하고 신과 같은 존재를 만드는 신놀이를 하고 있다.

또한 복제기술 과정에서 발생되는 예상치 못한 실패는 구체적인 위험을 지니고 있다. 과학자들이 복제기술의 장점만을 지나치게 강조한다면 미래의 위험성을 볼 수 없게 된다.[30] 복제기술은 과거 우리의 부모 세대에서 경험했던 자연적인 출산의 방식을 벗어나 인위적인 기술로 갈아타면서 역주행하고 있다.[31]

그러나 기독교 전통에서 볼 때, 동일한 유전자의 복제 또는 유전자를 가진 복제인간을 만드는 것은 인간의 지나친 욕망에서 비롯된 것으로 본다. 인간의 탄생은 오직 하나님의 주권에 달려 있다. 인간은 하나님의 섭리와 계획에서 탄생하고 죽음을 맞이하게 된다. 그러나 과학자들은 인간을 복제하는 신놀이를 멈추지 않고 있다. 사람이 사람을 만드는 기술, 즉 복제기술은 생명의 영역에서 변화를 가져오게 될 것이다.

복제기술에서 우려스러운 기술은 정자와 난자 세포를 이용한 생식세포 기술이 아닌 체세포 핵이식 기술, 즉 완전한 두 세포(정자와 난자) 없이 복제기술이 가능한 기술이다. 이 기술은 기존의 인간 생식에 많은 변화를 가져오게 된다. 체세포 핵이식 기술은 자연스런 생식과는 전혀 다르다.

달걀은 유정란과 무정란으로 구분된다. 유정란은 암탉이 계속 품으면 병아리가 되는 것을 말하고 무정란은 암탉이 아무리 따뜻한 온기를 더해도 병아리가 될 수 없는 것을 말한다.

---

30) 구영모, "생명공학의 비판적 검토", 「환경과 생명」 vol.21(1999), 49-50.
31) 김영한, 『21C 세계관과 개혁신앙』, 예영커뮤니케이션, 2006, 111-112.

유정란은 자연스런 과정에서 생식으로 이어지는 생명체를 가진 달걀을 말한다. 인간의 생식에서도 유성생식과 무성생식으로 구분된다. 유성생식은 정자와 난자의 수정을 통해 태어나는 과정을 말한다. 반면 무성생식은 두 세포 즉 정자와 난자 없이도 생식이 가능한 것을 말한다.[32] 인간으로 말하자면 자연스런 임신과정이다. 정자와 난자가 서로 결합하여 수정을 거쳐 태아에 이르는 자연스런 생식을 말한다.

성서에서는 남녀가 한 쌍을 이루어 새로운 생명체를 탄생하는 과정을 언급한다. 특히 하나님의 창조는 모든 생명체를 암수로 나누어 한 쌍씩 짝을 지워 만드셨다. 이는 이 암수 한 쌍이 생식과 번식을 통해 다음 세대를 이어가는 자연스런 과정을 유도하기 위한 섭리로 해석된다. 뿐만 아니라 하나님이 남녀를 만들고, 이들이 결합하여 새로운 생명을 잉태하는 과정을 통해 종의 번식 내지는 가정의 소산을 꾸려나갈 수 있는 공동체를 허락하신 사건들이 기록되었다(창세기 1장, 3장 참조), 하지만 체세포 핵이식은 무성생식의 방식을 말하는 데 정자와 난자의 결합 없이도 동일한 유전자를 복제할 수 있는 기술이다.

체세포 복제기술은 1996년 영국에서 이안 윌머트 박사와 그의 연구팀이 복제양 돌리를 만들었을 때 사용되었다. 이 기술은 난자의 핵을 제거하고 그 자리에 다른 핵을 이식하는 형태

32) 안종주, 『인간복제, 그 빛과 그림자』, 궁리, 2003, 30-31.

로 시작되었다. 당시 과학계에서는 유성생식이 아니라 무성생식으로 돌리를 복제했기 때문에 주목받았다.33) 이후 생명공학자들은 정자와 난자의 결합 즉 유성생식이 아닌 무성생식으로 동일한 유전자를 가진 복제동물을 만들 수 있게 되었다.

한스 요나스((Hans Jonas)는 우생학적 개량 기술에 의해 태어난 아이들은 미래의 우연에 열려있는 삶을 산다고 했다. 우리의 미래는 정해지지 않았다. 말 그대로 우연의 상황에 노출되어 있다. 하지만 요나스는 유전공학 기술의 혜택을 입은 아이들의 미래는 이미 미래의 삶과 경험들이 결정될 수 있어서 삶의 미정성뿐만 아니라 후천적으로 획득되는 노력의 가치를 잊게 될 것이라고 했다. 그는 유전자 개량 기술에 의해 태어난 아이들은 자신의 미래가 이미 부모에 의해 정해준 기준대로 살아간다고 했다. 뿐만 아니라 아이는 알 수 없는 모든 기대를 예상하고 미래의 예측 가능성에 대해 희망과 공포를 동시에 경험하게 될 것이라고 했다. 그는 앞으로 신체개량으로 태어난 아이들은 다가올 자신의 미래에 대한 목표와 성취감을 상실하고 이미 정해진 유전적 결정에 의해 살아가게 된다고 했다.34)

생명공학자들은 복제기술을 가지고 임신이 어려운 부부의 불임치료를 제공하고 동시에 인간복제 기술까지 실험할 가능

---

33) Robert M. Veatch, *The Basic of Bioethics*, RR. Donelly & Sons Company, 1999, 78.

34) 한스 요나스/이유택 옮김, 『기술 의학 윤리』, 솔, 2005, 184-185.

성을 열어두었다. 복제기술을 통해 장차 자녀의 질병치료를 위해 배아를 예비적으로 준비해서 미리 만들어 냉동 보관할 수도 있게 되었다.[35)]

철학자 페터 슬로터다이크(Peter Sloterdijk)는 휴머니즘을 통해 인간 길들이기가 시도된 이후 인문학적 교육만으로 인간을 양육하는 데는 한계가 있다고 보았다. 그는 우리가 알고 있는 교양, 인문학적 소양으로 양육을 만족시킬 수 없다고 보았다. 오히려 인간은 동물의 야만성에 젖어 있고, 이것을 완전히 없애는 데 실패했다고 보았다. 슬로터다이크는 과거 인문학적 메커니즘인 휴머니즘이 인간을 길들이는 데 실패했다면 이제는 우리가 유전공학적 기술을 통해 인류의 가치를 번성시키고 길들일 수 있다는 긍정적인 희망을 제시했다.[36)] 그는 전통적인 휴머니즘의 역할은 인간의 야만성을 잠재우고 길들여왔지만 이제는 인간 길들이기 또는 사육에 관한 비밀을 하나씩 들추어내야 한다고 보았다.[37)]

그는 인간 길들이기 또는 사육에 대한 적극적인 개입을 허용한다. 지난 과거 인류의 길들이기는 인문학적인 방법, 즉 휴머니즘이란 방법을 통해 했던 것처럼 현재는 새로운 유전공학기술로 인간 본성 길들이기 가능성이 시도되고 있다. 그는 인

---

35) 구영모, "인간 생식 연구와 시술의 윤리", 「과학사상」 Vol.28(1999), 78-79.

36) 슈테판 헤어브레이트/김연순·김용준 옮김, 『포스트휴머니즘-인간 이후의-인간에 관한 문화철학적 담론』, 성균관대학교출판부, 2002, 241.

37) 패터 슬로터다이크/이진우·박미애 옮김, 『인간농장을 위한 규칙』, 한길사, 2004, 68.

문학적 글쓰기나 교육을 통해 완전한 사유이 불가능하다는 것을 인정하고 인문학적 방법을 통해 동물성, 곧 본능에 의존하는 인간성을 구출해낼 수 없다고 보았다.

하지만 샌델은 생명복제시대에 부모가 아이의 성(性)과 유전적 성향을 정하는 데 익숙해져버린 사회는 '우연에 열려 있음'이 환영받지 못하는 세상으로 바뀔 수 있다고 보았다.[38] 유전학적 개량 때문에 선천적으로 탁월한 유전자를 가진 사람은 후천적 노력으로 따라잡을 수 없는 사회를 받아들이게 될 것이다. 이로써 인간의 연대감이 침식된다는 점에서 샌델은 그것과 함께 등장할 문제는 인류의 책임감의 추락뿐만 아니라 우리 삶의 변화라고 주장한다.

앞으로 개량주의가 우리 사회에 보편화되면 우리는 삶을 미래의 우연성에 의존하기보다는 유전자의 선택에 더 많이 의존하게 될 것이다. 부모는 아이의 더 나은 미래를 위해 우성 유전자를 선택하고 유전자의 선택에 직접적인 책임을 지는 세상이 오게 된다. 올림픽 참가 선수들의 우승은 맞춤형 유전자의 결정적 역할에 달려 있게 된다. 또한 유전자의 혜택은 고스란히 부모의 재산과 능력에 의존하게 될 것이다.

샌델은 우리를 신(神)의 피조물로 간주할 때 우리가 누릴 수 있는 축복은 우리들 모습에 대해 책임을 지지 않아도 되는 것이었다.[39] 우리의 출생은 우리 스스로의 책임과 무관하다.

---

38) 마이클 샌델/김선욱 · 구영모 외 옮김, 『공동체주의와 공공성』, 철학과현실사, 2008, 268.

우리는 자신의 동의나 의사와 관계없이 태어난다. 우리가 태어남과 동시에 그 어떠한 책임이 우리에게 주어지지 않는다. 다만 앞으로 우리가 열심히 살아가야 할 책임만 따를 뿐이다. 이런 맥락에서 기존의 '자연스러운 것'들로 간주되던 것들이 차츰 '인공적인 것'들로 변해가면서 나타나는 현상들을 보고 샌델은 유전적 강화를 비판한다.

샌델은 유전자 치료와 강화 사이에서 발생되는 차이가 도덕적으로 애매하다고 보고 개량주의 우생학에 대해 비판한다. 그는 운동선수가 사고로 손상된 근육을 치료하기 위해 새로운 유전자 치료법을 사용하는 것과 치료 목적이 아닌 근육 강화를 하는 것 사이에서 경계가 불분명하다고 지적했다. 올림픽에서 한 선수가 유전적 강화 기술을 이용해서 자신의 신체와 근육을 향상시켜 경기에 출전했다면 그렇지 않은 선수들과 경기할 때 불공평한 게임이 될 것이다. 하지만 선천적으로 타고난 근육과 신체를 가지고 올림픽에 참여할 때 자연적 불평등에 따른 선수들 경기의 공정성에는 문제를 제기할 수 없다.[40]

앞으로 다가올 시대는 유전자 편집과 우생학적 개량이 허용된다면, 올림픽과 같은 타고난 자신의 재능을 가지고 경쟁하는 곳에서는 타고난 재능이나 개인의 노력이 무색하게 될 것이다. 어쩌면 앞으로 약물검사나 도핑 테스트를 금지할 명분

39) 위의 책, 268.

40) Michael J. Sandel, *The Case against Perfection*, New York: Harvard University Press, 2007, 7-9.

이 없을지도 모른다. 생명공학 기술이 질병을 치료할 수 있는 무한한 가능성을 가지고 있는 반면, 이 기술이 유전자 편집이나 복제기술에 적용된다면 우리는 또 다른 위험을 안고 실험하는 것과 다를 바 없을 것이다. 어쩌면 우리가 폭탄을 안고 그 폭탄의 장점을 실험하는 것과 유사하지 않을까? 하지만 유전자를 치료 목적에 한해서만 사용하고 개량에서는 엄중한 잣대를 제시한다면 어느 정도 우리의 염려를 불식시킬 수 있을 것이다. 이 기술이 앞으로 유전자 질병치료 목적에서 신체를 증강하는 기술, 곧 개량주의 우생학으로 나아갈 때 전혀 경험하지 못한 인간 삶의 양식에 대한 논의가 절실하다. 한편 우리의 유기체적 몸은 새로운 과학기술에 종속될 것이다. 우리는 그 기술에 의존하여 우리들 자신의 본성마저 기술에 길들여지게 되고 결국 우리는 우리 스스로에 의해 수단과 도구로 전락하게 될 것이다.

2. 휴먼 클론과 생명공학의 바벨탑

1) 신에게 내민 도전장, 클론

현재 결혼 적령기를 지난 미혼 여성은 자신의 난자를 병원에 임시로 냉동 보관하여 임신을 원하는 시기에 언제든지 냉동난자를 꺼내어 인공수정하면 시기에 구애받지 않고 아이를 가질 수 있다. 한국에서도 냉동난자를 보관하는 여성이 늘어나고 있다. 차병원에 따르면 난자 동결 시술을 받은 여성이 2013년 23명에서 2017년에는 288명으로 크게 늘었는데 이 수치는 4년 새 대략 12배가량 늘어난 추세이다[41]. 물론 복제인간과는 조금의 차이가 있지만 자신의 동일한 유전자를 저장해 두었다가 필요할 때 적절한 시기에 사용할 수 있다는 점에서 우리는 과학기술의 놀라운 발전 속도를 느낄 수 있다.

* 아일랜드, 인간복제시대가 열리다.

2005년 개봉된 마이클 베이 감독의 「아일랜드」는 복제인간 클론 소재로 한 영화이다. 영화 속 주인공 링컨 6-에코(이완 맥그리거)와 조던 2-델타(스칼렛 요한슨)는 다른 사람의 장기

---

41) "늦은 결혼에…2030 '난자동결 시술' 확산", 한국경제신문, 2019년, 1월 20일자.

를 제공하기 위해 존재하는 클론(clone, 복제인간)들이다. 이들은 이름이 없이 기계처럼 에코, 조던으로 불린다. 이들은 고객(장기를 필요로 하는 사람)들의 유전자와 동일한 복제인간으로 제작되었다. 고객이 원하면 이들은 언제든지 필요한 장기만 적출된 채 죽게 되는 기계와 다름없는 생명체들이다.

영화에서처럼 인간이 또다시 우리와 같은 인간을 생명 연장을 위한 수단으로 사용한다면 우리의 생명은 기술에 종속되고 말 것이다. 이들은 다른 사람의 필요에 따른 하나의 도구나 수단으로 여겨진다. 유기적인 생명체가 사람들의 필요에 의해 기계처럼 대체되는 그 순간부터 우리의 목숨은 하나의 부품처럼 취급받을 수 있다는 것을 기억해야 할 것이다. 또한 우리들은 단순히 기술만능주의에만 인류의 미래를 떠맡기는 것에 대해 목소리를 높여야 한다.

유전자 맞춤 서비스와 유전자 치료 기술로 질병을 미리 진단하는 방법들이 속속히 개발되면서 의료 산업과 유전자 공학 기술 산업은 단순히 질병치료 목적을 넘어 유전자 상품을 의료 시장에 선보이고 있다.[42] 생명복제시대에 유전자 맞춤 서비스는 좋은 유전자만을 선별하게 되면 종의 다양성을 획일화시킬 여지가 있다. 유전자를 선별하는 기술이 치료가 아닌 개량으로 이어지면 인간 유전자 풀(pool)을 개선하고 좋은 유전자만을 고를 수 있게 될 것이다.

---

42) 김상득, 『유전자 윤리학』, 철학과현실사, 2009. 249.

우생학이 인간의 유전자를 월등히 높이는 학문으로 자리매김하면서 우생학자들은 우수한 유전자를 선별할 수 있는 구심점 역할을 하게 됐다. 특정한 신체적이고 정신적인 특성을 추구하는 과학으로 정의될 수 있는 우생학은 불임시술과 임신, 산전 진단과 유전상담으로 발전되고 있다. 물론 오늘날 복제기술의 발달로 우생학은 산전 진단 방법 기술을 능가하고 '맞춤형 유전자' 시대의 포문을 열었다. 인간의 유전자를 자유자재로 편집할 수 있게 되어 우성유전자를 가진 자녀를 만들 수 있는 기술이 속속 등장하고 있다.

그렇다면 우리가 말하는 우성 유전자는 어떠한 기능을 가진 유전자를 말하는 것일까? 또한 열성 유전자는 도대체 우리가 어떠한 기준을 놓고 정하는가? 갤턴은 '평균'을 택하기보다는 유전학적 서열에 집착했다. 그는 우생학을 삶의 가치의 우열을 정하는 데 있어서 유전적 요소를 중시했다.43)

우수한 유전형질을 개선한다는 목적에서 시행된 우생학은 과학적 방법으로 유전학을 이용하려 했다. 하지만 좋은 유전자의 기준을 정확하게 제시하지 않았다는 한계도 지적받고 있다. 단지 우생학자들은 시대적 기준과 문화적 척도를 기준으로 우수한 유전자를 선별했다. 우리 사회에서도 여전히 유전자의 우월성을 강조하는 분위기가 조성되고 있다. 많은 사람들은 그 기준에 자신의 지능 지수와 신체 사이즈를 맞추려는

43) 염운옥, 『생명에도 계급이 있는가?』, 책세상, 2009, 41.

데 있어서는 자유롭지 못하다. 실제로 지난 2017년 7월 27일 여성환경연대는 여성들의 신체 사이즈를 사회가 규격화하는 것에 대해 비판하는 퍼포먼스를 열었다.[44]

지금도 사회 구성원들은 사회적 기준에 따른 몸(신체) 사이즈를 규격화하고 있다. 여성들의 신체 기준은 익숙한 마네킹 사이즈 규격에 맞추고 자신의 개성을 상실한 채 점점 획일화되어 가고 있다. 앞으로 우리가 살아가는 사회는 몸의 규격화뿐만 아니라 공동체가 원하는 최적화 사이즈로 통일될 날이 다가올 것이다.

2) 신의 아이와 인간의 아이

* 가타카, “질병은 감기만 남겨두죠”

꿈은 어느 누구도 막을 수 없다고 생각한다. 자신의 한계를 정하는 순간 우리는 더 이상의 발전을 경험하지 못할 것이다. 불가능의 꿈을 가지고 이룰 수 있는 것 또한 우리의 노력으로 가능하지 않을까? 하지만 안타깝게도 우리의 노력과는 달리 단지 피 한 방울로 노력이 무의미해지는 순간이 다가오고 있었다. 영화 속 주인공 빈센트의 이야기이다. 혈액 속에 들어있는 열성 유전자라는 이유만으로 우주비행사 면접에 낙방하게 된다. 그는 우주비행사의 일이 아닌 청소부 일을 감당하면

44) “마네킹을 본떠 사람을 만드는 사회... 당신의 몸은 지극히 정상적”, 경향신문, 2017년 7월 26일자.

서 자신이 꿈꾸어온 우주항공회사 가타카에 입사한다.

1997년에 개봉된 영화 「가타카」에 줄거리이다. 이 영화는 맞춤아기를 주제로 다루었다. 가타카의 주인공 빈센트는 기술개입이 전혀 없이 자연적인 수정과정을 거쳐 태어난 아이이다. 부모들은 이러한 유전자 조작을 하지 않고 자연의 섭리에 태어난 아이를 '신의 아이(child of God)'라고 불렀다. 하지만 이 시대에 자연적으로 태어난 아이는 이미 '부적격자'라고 불리며 차별을 받는다. 그의 운명은 이미 정해졌다. 키, 성격, 질병에 노출되어 있는 31세밖에 살 수 없는 운명의 장난에서 자유롭지 못한 존재였다.

하지만 동생 안톤은 유전자 편집으로 맞춤아기로 태어났다. 안톤은 인간이 만든 '인간의 아이(child of human)'였다. 형 빈센트는 체력이 약하고 병에도 잘 걸렸다. 빈센트의 꿈은 우주비행사였지만 그의 체력으로는 우주탐사선을 보내는 기업에서 일을 할 수 없었다. 대신 그 회사 청소부로만 취직할 수밖에 없었다. 반면 동생은 우성유전자를 가지고 태어나서 피 한 방울로 모든 것을 말해주는 초인간(super man)이었다. 그는 탁월한 신체에 질병 유전자를 제거한 맞춤아기였다.

영화에서 부모는 형 빈센트와 달리 동생 안톤을 만들기 위해 생명공학자를 찾아갔다. 생명공학자는 먼저 빈센트의 부모에게 태어날 성(性)을 택하라고 하자, 부모는 빈센트의 남동생을 가지고 싶다고 했다. 생명공학자는 남성을 택하고 온갖 질병의 유전자를 제거했다. 다만 부모는 태어날 아이에게 가벼운 질병, 감기는 남겨두라고 했다. 감기는 얼마든지 약으로 치료 가능하기 때문이다. 또한 감기를 통해 태어날 아이가 (최소한의) 고통이나 아픔에 대해 알 수 있게 하려는 부모의 배려였다.

생명복제시대에 나타난 가장 큰 문제는 인간의 기술 지배가 자연에서 발생되는 원리를 압도하는 것이다. 과학기술과 손잡은 인간의 기술 권력은 삶의 변화를 넘어서 인간 본성을 조작하려고 한다. 특히 생명복제시대에 유전자 지도를 만든 것은 개인의 행동과 활동의 통제를 넘어 국가 전체의 보건과 공공정책에 영향을 미친다. 인간의 신체와 정신 그리고 활동과 관련된 유전자 정보를 공유하면서 개인 삶은 물론 대인관계, 가족관계 등에 미치는 영향도 무시할 수 없다. 유전자가 한 개인의 성격뿐만 아니라 사회적 활동에 직접적인 영향을 미친다면 그것은 결국 각자 개인의 사적인 것, 곧 자아(自我)라고 불리는 그 무엇과 연관되어 윤리적 문제가 나타난다.[45] 과학기술시대에 우리가 우려하는 점은 인간을 대상으로 하는 예측 불가능한 실험이 진행될 때 유전자 변형이나 돌연변이의 출현으로 인한 현상들에서 자유롭지 못하다는 것이다.

45) 유네스코 한국위원회, 『과학연구윤리』, 당대, 2002, 115-116.

* 불을 훔친 자, 프로메테우스적 욕망

요나스는 기술 중심의 인간 행위가 윤리에 있어서도 동일하게 변화를 요구한다고 보았다. 그는 오히려 기술의 힘은 인간 행위의 근본을 변화시키고 있다는 사실에서 새로운 윤리적 책임이 필요하다고 보았다.[46] 오늘날 기술이 가진 힘이 인간 본성까지도 바꿀 수 있다는 염려를 떨치지 못하고 지금 우리는 새로운 윤리 방법을 모색할 상황에 놓여 있다. 특히 인간복제 시대가 시작된다면 기존의 전통 윤리에서 다루는 방법으로는 한계가 있을 것이고 이에 새로운 윤리가 필요할 것이다.

현대의 기술 권력은 인간의 생명을 무한정으로 연장하려는 욕심에서 자유로울 수 없게 되었다. 기술 권력을 휘두르는 이들은 성서 속의 바벨탑을 재현하고 있다. 신처럼 되고 싶어했던 사람들이 마치 하늘 높이 탑을 쌓아 올라가려는 것처럼 그들은 유전공학의 바벨탑을 쌓아 인간이 닿지 않는 생사(生死)의 영역까지 침범하고 있다.

어쩌면 그들의 바벨탑에 '프로메테우스의 욕망'이 숨어 있는지도 모르겠다. 인간은 자연에서 볼 수 없는 인공의 화력을 훔치는 '프로메테우스의 욕망'을 드러냈다. 프로메테우스는 아테네의 도움으로 하늘에 올라가 인간에게 불을 훔쳐다주었다. 불을 선물받은 사람은 다른 동물보다 월등하고 심지어 동물들은 인간이 들고 있는 횃불을 보고 도망을 갔다. 인간에게 불

46) 한스 요나스/이진우 옮김, 『책임의 원리』, 서광사, 1994, 15.

을 훔쳐다준 프로메테우스는 제우스에게 벌을 받았다. 제우스는 프로메테우스를 코카서스 산 위에 있는 바위에 묶어버렸다. 그 산에는 독수리들이 항상 먹이를 찾고 있는 터에 독수리들이 프로메테우스의 간을 파먹었다. 하지만 그의 간은 또다시 재생되어 독수리들이 날아와 다시 그의 간을 파먹는다. 이렇게 되풀이되면서 그는 계속 고통스런 벌을 받는다. 프로메테우스의 무시한 형벌이 말해주는 것은 무엇인가? 결코 인간이 가져서는 안 되는 것을 인간에게 주었기 때문은 아닌가?

영화「정글북」에서 보듯 사람의 아이 모글리는 정글에서 자란 아이이다. 모글리는 분명 동물에게서 길들여졌지만 사람이 사는 동네에서 불을 훔쳐왔다. 동물들은 모글리가 가져온 불을 보고 모두 겁을 냈다. 이처럼 사람을 제외한 모든 생명체들은 불을 보고 도망을 간다. 그런 불을 인류가 손에 쥐게 된 것이다. 어쩌면 인류가 프로메테우스의 훔친 불을 가지고 모든 생명을 지배하려고 하기 때문에 결코 가져서는 안 되는 것은 아니었을까? 그래서 제우스는 프로메테우스에게 끔찍한 벌을 내린 것은 아닐까?

고대의 형이상학적 가치와 지혜는 인간에게 본래 가지고 있던 생명의 유한성을 수용하고 피할 수 없는 죽음을 운명으로 받아들이도록 허락했다. 하지만 오늘날 과학기술은 인간의 유한한 실존을 깨닫는 죽음이라는 본성을 더 이상 자연에 속한 본성으로 여기지 않는다. 오히려 이런 본성을 피할 수 있는 기회를 제공하고 있다. 복제기술을 통해 인류는 죽음에 대한

인간 실존을 극복하려는 새로운 윤리적 문제를 화두로 던지고 있다.47)

개량주의 우생학에서 시행되는 유전자 개선의 목표는 우성 유전형질을 지나치게 고집하면서 유전자의 서열을 인위적으로 규정하는 위험성을 가질 수 있다. 우수한 형질과 그렇지 않는 형질이라 불리는 여러 속성들 특히 우리의 눈동자나 피부, 키와 머릿결, 몸무게 등은 그 사회의 문화와 전통에 따라 얼마든지 달라질 수 있다. 하지만 이러한 기준을 우생학적 프로그램으로 보편적인 합의를 도출하는 것 자체가 문제된다.

개량주의 우생학을 연구하는 학자들이 획일적으로 우성유전자를 선별하면, 우생학의 기술은 자기들만의 기준으로 우성 유전자를 만들어 자의적인 척도를 정하게 될 것이다. 좋은 유전자와 나쁜 유전자의 기준이 명확하지 않고 또 그것을 정하는 기준조차 모호한데 유전자의 기준을 획일화시켜 '이것이 우월한 유전자'라고 말할 수 있는 것 자체가 모호하다. 우수한 유전자는 그 사회와 문화 그리고 전통 따라 얼마든지 달라질 수 있다.

* 인간, 출생에서 제작으로

지금 과학자들이 연구하는 생명복제 기술은 인간복제 연구와도 밀접한 관련이 있다. 영국은 지난 2015년 세 부모의 유

---

47) 이진우, "한스 요나스의 생태학적 윤리학", 「철학문화연구」 Vol.1 (1991), 280-281.

전자를 가진 아기가 태어나는 법을 의회에서 통과시켰다. 의회는 부모가 선천성 유전질환을 가지고 있는 경우 앞으로 태어날 아이에게 유전질환을 물려주는 것을 막는 세 부모 체외수정을 허용하는 법안을 허용했다. 이는 유전자의 DNA 속에 심각한 질병이 있는 여성의 난자에서 핵을 제거하고 대신 다른 여성의 건강한 난자를 그 자리에 주입하는 방법이다. 이 과정에서 여성 두 명과 남성 한 명의 유전자를 물려받는 아이 곧 세 부모를 가진 아이가 태어나게 된다.[48) 하지만 영국에서 허용한 세부모법은 다른 의미에서 윤리적 논쟁을 가져왔다. 자칫 이 기술이 유전질환의 치료 목적에서 허용되는 것이 아니라 신체를 개량하는 맞춤아기 기술로 이어질 경우 문제가 될 수 있다.

물론 전 세계 대다수의 국가들은 인간복제를 법으로 금지하고 있다. 하지만 법으로 그 기술을 막는 데는 한계가 있다. 만약 법이 아직 정해지지 않는 국가에서 과학자들이 실험을 할 경우나 법의 테두리가 정해져 있더라도 상관없이 과학자들이 은밀하게 실험을 진행한다면 어떻게 해야 하는가?

앞으로 배아가 신체의 장기를 만들 목적과 신체 증강을 위한 줄기세포 치료 목적의 사용이 허용된다면 우리는 과연 배아가 하나의 진열대에 놓여 있는 상품으로 대체되는 것을 막을 방법이 있는가? 또 우리는 지금 당장 유전자 치료 과정에

---

48) “영국, 3인 DNA 아기 허용 법안 통과”, 경향신문, 2015년 2월 4일자.

서 유전자 변이가 생길 수 있는 가능성에 대해 예측할 수 있는가? 이러한 예측 불가능한 시대에 여전히 인간을 대상으로 하는 연구가 실험실에서 진행되고 있다.

만약 과학기술이 발전되어 복제기술의 실패율이나 유전적 변형을 막을 수 있다고 해도 과연 그 기술이 윤리적 비난에서 자유로울 수 있는가? 자연유산과 기형아 출산에 대한 작은 실수가 빚어질 경우, 그것이 우리 사회에 주는 부담은 단순히 한 가정과 개인의 문제가 아니라 사회 전체가 도맡아야 한다. 만약 복제인간이 태어나게 되면 유전자가 동일하다는 사실은 개인의 정체성에 큰 타격을 입힌다. 복제기술이 단순히 유전적 동일성을 추구하거나 질병치료, 엘리트 배출 더 나아가 인류의 복지를 위해 시도된다고 해도 가령 그것이 인류에게 미치는 영향은 이루 말할 수 없을 것이다.49)

그렇다면 인간복제가 실현되면 우리에게 어떠한 윤리적 문제들이 발생할까? 영화 「아일랜드」처럼 우리와 동일한 유전자를 가진 복제인간을 만들어 우리가 필요할 때(아플 때나 사고를 당했을 때) 한 번씩 이용해서 생명을 연장하면 무엇이 문제가 되는 걸까?

먼저 인간복제시대가 열리면 인간의 출생은 만들어짐 또는 '제작(making)'의 형태로 바뀔 수 있다.50) 앞에서 언급한 것처럼 인간의 생식은 두 세포의 결합으로 태어나는 지극히 자연

---

49) 구인회, 『생명윤리의 철학』, 철학과현실사, 2002, 165.
50) 이진우, 『인간복제에 관한 철학적 성찰』, 문예출판사, 2004, 280.

스러운 행위였다. 그러나 복제가 가능한 시대에는 유전자 편집 기술로 얼마든지 아이를 '만들어'낼 수 있다. 여기서 우성의 유전자만을 골라서 아이를 만드는 '슈퍼 베이비(super baby)'도 탄생할 수 있다.[51] 뿐만 아니라 부모는 자신의 자율적인 선택으로 태어날 아이의 유전자를 조작하거나 수정 가능할 수도 있다.

「가타카」 영화에서처럼 부모는 생명공학자에게 아이를 갖기 전에 찾아가 우성 유전자를 먼저 골라 아기를 제작했다. 이런 과정을 거치면서 태어난 아이들은 사회에서 우수한 계층으로 분류되기 십상이다. 영화에서 보듯 자연적으로 태어난 형과 달리 동생 안톤은 자신의 의지와 상관없이 사회에서 정해놓은 지표(신체적 기준)에 맞게 태어났다. 이미 부모와 생명공학자가 손잡고 아기를 만드는 제작자가 되어버린 것이다.

다음은 인간성 왜곡의 문제가 생긴다. 요나스는 생명복제시대에 인간의 유전자를 조작하고 편집하는 기술이 인간 본성으로부터 인간을 자꾸만 멀어지게 만든다고 했다. 그는 인간을 이성적 존재로 보고, 이를 성서적으로 말하자면 '신의 형상(Imago Dei)'으로 설명된다고 했다.[52] 그런데 기술로 인간의 본성이 상실되고 인간의 진화가 단지 본성의 변화가 아닌 생물학적 변화만을 강조하게 된다고 보았다. 이 기술이 보편화된다면 인간은 본질이 배제된 인간, 생물학적으로만 진화된

---

51) Michael J. Sandel, *The Case against Perfection*, 75-76.
52) 한스 요나스/한정선 옮김, 『생명의 원리』, 아카넷, 2001, 108-109.

인간으로 바뀌게 될 것이다.

인간복제 기술로 아기가 태어나면 그 아이는 이미 선(先)지식을 통해 축척된 경험에서 자유롭지 못하게 살아갈 것이다. 복제된 아이는 부모와 생명공학자들의 기대에 얽매여 살아가갈 것이다. 부모가 아이에게 "너는 맞춤아기로 태어나서 아프지 않을 거야, 너는 우수한 두뇌를 가진 유전자를 편집해서 태어났으니 훌륭한 사람이 되어야 해."라는 식으로 아이에게 말할지도 모른다. 복제된 아이는 '타자의 기획'에 예속된 채 살아갈 것이다. 타인이 가진 선지식으로 복제인간은 스스로의 삶을 살아가는 과정을 배우기보다는 이미 축척된 선지식에 의해 자율성을 무의미하게 만들 것이다. 모든 것은 '자기가 (어떤 존재로) 되어가고 있는 자'라고 말하기보다는 오히려 이전 복제인간을 표방한 모델이 가졌던 선지식에서 자신을 단지 일부분을 조금 보태는 것에 불과하다.53)

인간복제 기술로 프로그램화된 존재는 이 모든 것은 자연적으로 출생한 아이와 다르게 성장하면서 자신의 삶을 제한받는다. 동시에 '자기 것'을 상실한 복제인간은 스스로의 삶을 살기보다는 그 상황에 따라 때로는 부모를 포함한 주위의 편견으로부터 많은 제약을 받을 것이다.54)

인간은 과거와 현재 그리고 미래를 자신과 엮으면서 만들어

---

53) 한스 요나스/이유택 옮김, 『기술, 의학, 윤리』, 184-185.
54) 위르겐 하버마스/장은주 옮김, 『인간이라는 자연의 미래』, 나남출판사, 2003, 110.

가는 존재이다. 그 과정에서 인간은 사유하면서 현재에서 미래로 나아가고 있다. 칸트는 "우리는 지금 무엇을 알고 있는가? 그리고 우리는 지금 무엇을 해야 하는가? 우리는 무엇을 바라고 또 무엇을 희망하는가?"라는 존재론적 질문을 통해 인간은 사유하는 존재인 동시에 미래에 대한 희망을 품고 가는 존재라고 보았다.55)

각자가 가진 자율성과 개성을 만들어가는 인간에 대해 복제기술은 인간의 존재론적 변화를 가져오게 할 것이다. 인간복제 기술이 인류 문명에게 가져다줄 두려움은 그 기술의 불안정성으로 인해 출연할 돌연변이뿐만 아니다. 오히려 그 기술은 전통 형이상학에서 발견되었던 인간 본성과 존재론적 함의들 그리고 그것들의 개념의 변화에 따른 우려 때문일 것이다.

인간복제 기술이 가진 또 다른 염려는 복제기술과 포스트휴머니즘 기술의 한층 업그레이드 된 형태로 인간 삶에 다양한 변화들을 가져오는 것이다. 인류는 앞으로 인간복제 기술을 넘어 인간과 로봇의 융합형태를 경험하게 될 것이다. 인간의 몸에 기계를 넣는 기술이 대수롭겠냐는 생각을 할 수도 있다. 지금도 우리는 많은 보철로 신체의 부족한 부분을 대체하고 살아간다.

하지만 개량주의 우생학 시대에 우리가 정말 염려해야 할 것은 단순히 인간의 신체기능을 증강시키는 것을 넘어선다.

---

55) 한나 아렌트/김선욱 옮김, 『칸트 정치철학 강의』, 푸른숲, 2002, 43.

기존의 인간 중심적 삶에서 한 걸음 나아가 슈퍼지능의 등장이 우리를 걱정스럽게 만든다. 인간의 지능을 초월하는 슈퍼지능의 등장은 우리의 삶에 더 많은 위협을 가져오게 할 것이다. 슈퍼지능은 생물학적으로 인간의 종이 더 이상 지구상에서 가장 완전한 존재로서의 '호모 사피엔스(homo sapience)'가 아니라는 것을 입증할 것이다. 또한 가장 이성적이고 지적인 하나님의 형상으로서의 인간 존재가 퇴색될 수 있다.

* 공각기동대, 스칼렛 요한슨은 누구인가?

2017년 개봉된 「공각기동대」는 스칼렛 요한슨 주연의 인공지능 로봇을 주제로 한 SF영화이다. 인간과 로봇의 경계가 무너진 시대를 배경으로 범죄와 테러 사건을 담당하는 인공지능 메이저(스칼렛 요한슨)는 인간이 다툴 수 없는 인공지능 로봇들과 대결한다. 배경 속 영화에서는 더 이상 아기의 울음소리가 들리지 않는 시대를 언급하면서 인간이 만든 사회는 사라지고 대신 기계(사이보그) 중심 시대를 예견하고 있다.

앞으로 인공지능 시대 또는 디지털 휴머니즘이라고 불리는 시대가 오면 우리는 기계문명을 자연스럽게 받아들이게 될 것이다. 우리는 당연히 기계를 신체의 일부분으로 받아들이는 것에 익숙하게 되고, 기존의 질병을 치료하는 과정에서 우리는 기계를 신체의 일부로 적응해 나가는 훈련도 부담 없이 배우는 사회를 경험할 것이다. 우리는 이런 사회를 기관이 없는 신체라고 부를 수 있다. 이 용어는 철학자 질 들뢰즈(Gilles Geleuze)가 처음으로 사용했다. 그는 '기관 없는 신체(bodies without organs)'를 말하면서 인간의 유기체적 상실에 대해 문제를 지적한다. 우리의 신체는 단순히 생물학적 유기체를 넘어 의미를 만들어내는 주체로 보고 있다. 생물학적 유기체로 구성된 신체(body)는 삶과 죽음을 동시에 경험한다. 결국 삶의 의미를 만들어내는 것은 인간의 신체라는 것이다.[56] 하지만 인류가 사이보그 같은 존재에 의존한다면 또는 우리의 신체의 기능을 기계로 대체하는 데 너무 익숙해진다면, 우리는 신체가 가진 기능, 즉 유기체적이고 생물학적 기능만을 간직하고, 삶의 의미를 만들어내는 기능을 망각할 것이다.

실제「공각기동대」에서 기억나는 한 장면이 지나간다. 신체의 일부를 기계로 대체하는 사회를 그린 배경에서 사람의 생명이나 신체의 가치는 유한성을 넘어 서 있었다. 영화 속 등장인물이 교통사고가 났지만 전혀 걱정하지 않았다. 왜냐하면 그는 손상된 신체의 일부를 기계로 대체할 수 있기 때문에 상실된 눈과 팔은 아픔이나 신체의 부재를 경험할 만큼의 고통은 아니었다. 지금 우리가 경험하는 신체의 부재, 아픔, 상실과는 전혀 동떨어진 상황을 영화에서 보여준다. 쉽게 말해, 영화 속 사회에서는 '신체의 일부분이 손상되면, 기계로 대체하거나 맞춰 넣으면 된다'는 식의 가치관이 팽배해진 모습이 그

---

56) 질 들뢰즈·팰릭스 가타리/김재인 옮김,『천 개의 고원』, 새물결, 2001, 306-307.

려지고 있었다.

슈퍼지능을 탑재한 인간과 로봇의 결합인 사이보그가 개발된다면 인간의 역할과 노력들은 무의미할 것이고 세상은 기계로 가득 찬 문명이 올 것이다. 인간보다 뛰어난 지능을 가진 사이보그는 우리보다 더욱 탁월한 능력을 가질 것이다. 그들은 보다 뛰어난 형태로 과학이나 기술의 발전을 선도할 것이다.[57] 「공각기동대」의 영화 속 인물들은 더 이상 인간을 의존하지 않았다. 영화 배경에는 인간의 모습을 발견할 수 없었다. 아니 인간이 더 이상 손을 쓸 수 없는 사회가 되어버렸기 때문에 인간의 노력이라든지 행동 양식이 소용없게 되었다.

생명공학 기술 또는 사이보그가 출현하는 트랜스휴머니즘 시대에 우리는 어쩌면 하나님의 창조세계에서는 더 이상 볼 수 없는 사회를 경험하게 될지 모른다. 유전자 편집과 조작 기술에서 나타난 비자연스러움들 그리고 인공지능 기술에 종속된 신체의 확장은 많은 문제를 낳는다. 이 과정에서 우리는 지나친 인간중심주의가 개입되었다는 것을 목격하게 되었다. 그럼 우리는 기계화 시대, 더 이상 인간미가 흐르지 않는 시대, 사람이 살아가는 행동과 규범 양식이 더 이상 통하지 않는 시대에 판도라의 상자 속에 갇혀버린 하나님의 창조세계를 다시 끄집어내야 할 것이다.

57) 신상규, 『호모 사피엔스의 미래』, 95-96.

Part 4.

메타모포시스와

비밀의 정원

1980~90년대 당시 교과서에 뿌리에는 감자가 열리고 줄기에는 토마토가 주렁주렁 달려 있는 유전공학 기술이 소개되었다. 그때는 '저게 가능할까?, 정말 저렇게 되면 엄청난 기술이겠다'라며 놀라움을 감추지 못했지만 사실은 회의적인 시각이 지배적이었다. 20~30년이 지난 지금 교과서에는 더 이상 톰테이토(Tom Tato, 뿌리는 감자, 줄기는 토마토의 새로운 브랜드)의 사진은 실리지 않는다. 그 기술이 실패해서가 아니라 이제는 더 이상 사람들의 시선을 사로잡지 못할 정도로 기술이 발전했기 때문이다. 오늘날 많은 생명공학자들은 마치 식량부족을 해결하는 유일한 수단으로 여기고 GMO(Genetically Modified Organism, 유전자 변형 식물)를 맹신하고 있다. 하지만 일부 학자들은 이에 대해 우려를 내비친다.

오늘날 생명공학 기술은 과거 상상했던 감자의 뿌리와 토마토의 열매를 맺는 유전공학 기술을 넘어서고 있다. 과학자들은 기존의 유전공학 기술에서 새로운 종(種)의 출현을 허용하는 수준까지 이르고 있다. 그들은 호모 사피엔스를 영원히 죽지 않는 초인으로 만들고 있다. 인류의 질병을 정복하기 위해 개발된 생명공학 기술은 이제 더 이상 치료를 넘어 맞춤아기를 만드는 기술까지 넘어서고 있다.

1. 자연과 기술의 메타모포시스

1) 애벌레의 꿈, 창조자와의 약속

맞춤아기를 소재로 다룬 영화「가타카」가 개봉된 지 20년이 흘렀다. 과거 공상과학영화로 기억되는 것과 달리 이 영화의 소재는 이제 현실이 되고 말았다. 2018년 중국에서는 세계 최초로 허젠쿠이(賀建奎) 박사가 유전자 편집 기술을 이용해 맞춤아기 기술의 성공 소식을 알렸다. 소식통에 따르면 세계 최초 에이즈(AIDS) 바이러스에 저항할 수 있는 유전자를 가진 배아를 편집했다고 언급한 것이다.[58] 허젠쿠이 박사의 실험이 알려지자마자 과학자와 윤리학자들은 일제히 비난했다.

* 애벌레의 비상(飛上), 메타모포시스의 이중성

한 마리의 애벌레는 꿈을 가지고 있었다. 자신은 언젠가 날개를 펴고 창공을 훨훨 날아다니는 꿈을 꾸었다. 애벌레는 자신의 날개를 바람에 맡겨 어디론가 훨훨 날고 싶어 했다. 마침내 시간이 지나 유충 애벌레의 비상(飛上)이 다가오고 있었다. 우리는 애벌레가 나비가 되는 과정을 교과서에서 배운 아주 선명한 기억을 가지고 있다. 교과서에는 배추흰나비의 애

---

58) “中과학자, 세계 최초 ‘유전자 편집’아기 출산 성공”, 연합뉴스 2018년 11월 26일자.

벌레가 성충이 되는 과정이 사진으로 등장한다. 나비는 알에서 애벌레로 그리고 번데기의 과정을 통해 변태(變態)를 한다. 기존 자신의 모습에서 완전히 탈바꿈해서 새로운 형태로 바뀌어 자신의 꿈을 실현한다. 나비는 마침내 양 날개를 펼치고 창공을 날아간다. 나비는 생물학적인 변화를 경험하는데 이를 변태, 즉 '메타모포시스(metamorphosis)'라고 한다.

우리가 익히 교과서에서 배운 나비의 변화는 동일한 유전자를 지닌 상태에서 외형적인 형태만 바뀌는 것이다. 메타모포시스는 한 개체가 유전적인 동일성을 유지한 채, 다른 외형으로 변화하는 과정을 거친다. 자연에서 우리는 이런 변화들을 쉽게 관찰한다. 잠자리의 애벌레도 물속에서 살면서 여름이 되어 자신의 꿈이 실현된다. 개구리가 올챙이 시절을 기억 못하는 것도 일종의 변태의 결과이다. 이런 과정에서 우리는 지극히 자연스러운 것을 발견하고, 이 과정을 거쳐 자연은 순환한다. 그리고 자연은 유전적인 변화 없이 창조자의 섭리를 지키면서 창조질서와 약속이나 한 듯 자연스럽게 흘러간다. 비록 작은 애벌레가 나비가 되고 자신의 꿈을 이룰 수 있는 것은 '창조자와의 약속' 때문일 것이다.

우리의 삶은 어떠한가? 우리도 이런 메타모포시스를 경험하는 것은 아닌가? 막 태어난 아이들은 부모의 품에서 자라 서서히 자신의 삶을 만들어간다. 우리도 메타모포시스의 삶을 살아간다. 우리는 유전적으로 동일한 성질을 유지하면서 서서히 늙어간다. 어쩌면 생물학적인 변화, 메타모포시스는 창조자의 섭리이자 약속이 아닐까? 우리가 외형적인 변화를 통해 새로운 시간들을 경험하고 함께 세상을 만들어가는 자연적인 모습을 경험하는 것은 창조자의 섭리이다.

그러나 창조의 약속을 깨뜨리는 신놀이 하는 기술이 등장하고 말았다. 생명공학자들은 유전자를 조작하고 편집하는 기술을 선보이고 부모에게서 동일한 유전자를 물려받는 방식을 무너뜨리고 있다. 그들은 자연의 성을 부수고 있는 것이다. 과학자들이 인간의 신체를 개량하고 증강하는 기술을 실험하면서 자연에서 결코 얻을 수 없는 불순물의 유전자를 만들어가고 있다.

* 플라워 혼, 꽃보다 욕심

열대어 가운데 플라워 혼과 혈앵무라는 종(種)이 있다. 이 열대어는 애완용으로 많은 사람들로부터 인기를 얻고 있지만 안타깝게도 이들은 자연 상태에서는 찾아볼 수 없는 어류이다. 열대지방 아마존이나 아프리카에서도 이 종을 찾을 수 없다. 대다수의 열대어들이 아마존과 아프리카, 동남아에서 수입되지만, 이들은 조금 상황이 다르다. 이 열대어는 인간의 욕심에서 일종의 '제작된' 어류이다. 이들은 암수가 서로 사랑을 해도 새끼를 낳을 수 없는 지극히 인간중심적으로만 개량된 종이다. '하이브리드(hybrid) 종'라고 불리는 이 열대어가 사람들에게 가장 인기가 있는 물고기라는 것이 아이러니하다. 다양한 종을 교배시키고 선호자들의 입맛에 따라 유전자를 조작한 어류이다. 이 과정에서 우리는 자연에서는 볼 수 없는 메타모포시스를 경험하게 된다. 그것도 어느 누구나 가정에 작은 어항 하나씩은 두고 키우는 열대어에서 말이다.

스티븐 호킹(Stephen Hawking) 박사는 "가까운 시일에 인류는 공격성을 가진 유전자를 조작하는 방법을 찾아내고, 가진 자들은 유전자 편집 기술을 통해 지금보다 더욱 뛰어난 두뇌를 가진 아기를 만들 수 있을 것"이라 말했다.[59)]

현재 과학자들은 유전자 편집 기술로 인간의 '타고난' 운명을 개조하고 있다. 과학자들은 신체를 증강하는 여러 기술을 실험하면서 호르몬 주사 연구에 몰두하고 있다. 이런 기술들이 인류에게 적용되면 사람의 피부와 노화를 억제시키고, 면역력을 강화시킬 수 있을 것이다. 게다가 영화에서 나올 법한 냉동인간 기술을 연구함으로써 낮은 온도에서 화학적 반응이 정지된 상태로 신체를 영구적으로 보관할 수도 있을 것이다.[60)]

과학자들의 무모한 실험은 여기서 마침표를 찍지 않을 것이다. 그들은 또다시 새로운 영화를 제작하고 있다. 그들은 지금 인간 두뇌를 로봇이나 다른 사람의 머리에 이식하는 영화를 만들고 있다. 공상과학 영화처럼 그들은 이 기술을 시도하고 있다. 세르지오 카나베로(Sergio Canavero) 신경학과 박사는 지

59) "스티븐 호킹 박사 '슈퍼휴먼 종' 등장 예언", 서울데일리뉴스, 2018년 10월 16일자.

60) 신상규, 『호모 사피엔스의 미래』, 77-83.

금의 기술로는 앞으로 3~4년 내에 인간의 두뇌를 다른 사람에게 이식 가능하다고 내다봤다.[61] 카나베로 박사가 말하기도 무섭게 2018년 마침내 영화 「레플리카」가 개봉되었다. 주인공 윌리엄 포스터는 신경과학자로서 뇌신경학적 데이트 프로젝트를 연구하는 사람이다. 가족과 함께 모처럼 여행을 가는데 교통사고가 나서 아내와 아이들이 모두 죽었다. 그는 동료 연구원의 도움으로 가족들 모두를 복제하고 과거의 기억을 담은 신경이식을 한다. 영화 속 주인공들은 행운인가 불행인가? 만약 영화처럼 신경이식 수술이 가능하다면, 다른 사람이 가진 기억이나 감정도 다른 사람의 신체에 이식할 수 있을 것이다. 우리가 놀라기에는 아직 이르다. 만약 아인슈타인 같은 두뇌를 반영구적으로 보관할 경우에는 뇌의 불멸성도 가능하다. 우리는 이런 기술을 어떻게 받아들여야 하는가?

* 치료와 개량의 사이의 모호성과 메타모포시스

유전자를 편집하는 기술은 질병치료를 정복하기 위해 개발되었다. 앞의 언급처럼 이미 영국에서 세부모법이라 불리는 법이 통과된 것도 유전질환이 다음 세대에게 넘겨주지 않기 위한 치료 목적이었다. 하지만 예상과 달리 이 기술이 일부 다른 국가에서 치료가 아닌 신체를 증강하기 위한 목적으로 사용되고 있다.

---

61) "인간 머리이식수술 의사, 이번에는 뇌 이식수술 선언", NOWNEWS, 2017년 4월 28일자.

현재 이 기술은 법의 보호 안에서 지극히 '제한적으로' 질병치료에 국한해서 적용되고 있다. 하지만 이 기술은 질병의 종류에 따라 치료가 아닌 신체를 증강하는 데 사용될 여지를 가진다. 지금 우리는 성형수술을 치료와 신체를 증강하는 미용 사이에서 명확하게 둘 사이를 구분 짓는 데 어려워하고 있다. 일부 기형적인 성형, 예를 들면 중증안면화상 환자들에게는 일부 보험이 적용된다. 하지만 쌍꺼풀 수술은 치료가 아니라고 보고 보험이 적용되지 않는다. 성형수술은 질병의 종류에 따라 치료와 개량의 경계에서 명확하지 않는 부분을 가진다. 앞으로 신체를 증강하는 과정에서 어쩌면 우리들은 치료와 개량 사이에 나타난 모호성에 직면하게 될 것이다. 과학자들은 질병을 고치는 것을 넘어 그 이상으로 유전자 조작 기술을 선보이고, 그들은 마침내 '신놀이'를 시작하게 될지도 모른다. 미래의 생명공학자들은 이러한 기술들이 인간을 복제하고 마음대로 인간을 창조하는 기술까지 진입할 것이라고 보고 있다.[62] 그럼 우리는 이런 시대를 어떻게 받아들여야 하는가?

---

62) Scott Rae & Paul Cox, *Bioethics: A Christian Approach in a Pluralistic Age*, Michigan: Eerdmanns Publishing, 1999, 93.

2) 메타모포시스: 우연을 밀어낸 유전공학

* 우연의 영역에서 책임의 영역으로

위르겐 하버마스(Jürgen Habermas)는 부모 욕심에서 비롯된 지나친 간섭으로 인해 앞으로 태어날 아이의 실존에 개입하는 것에 대해 우려했다. 그는 우연히 주어진 운명을 생명공학 기술을 통해 단순화시키는 것에 대해 경계한다. 유전자 편집이나 조작기술로 인해 인류가 의도적으로 유전자를 규격화 시켜나가는 것을 비판했다.[63)]

하버마스는 자연의 모습들은 붕괴되고 그 자리에 기술로 인해 만들어진 것들이 유입되어 인간의 정신적 가치마저 기계의 부속품이나 생산품에 지나지 않을 것이라고 염려했다.[64)]

과거 우리들은 '출생' 또는 '탄생'을 하나님의 개입 또는 우연적인 삶의 모습으로 생각해 왔다. 물론 지금도 우리는 인간 생명의 탄생과 신비를 신의 섭리로 생각하고 있다. 우리는 우연의 방식에 의존하면서 살아가는 존재이다. 우리가 미래를 전혀 알 수 없다. 단지 다가오는 시간의 시침과 분침의 방향만 알 뿐이다. 우리는 우연에 노출되어 있어서 두려움을 안고 살아간다. 그래서 우리의 실존은 하나님의 섭리와 개입을 절실히 요청하게 된다. 하지만 이런 우연의 노출은 더 이상 걱정의 영역이 아니다. 유전공학 기술로 인해 우연적인 삶의 형

---

63) 위르겐 하버마스, 『인간이라는 자연의 미래』, 95-96.
64) 위의 책, 80-82.

태는 점점 미래를 예측하는 실존으로 변해가고 있다. 과거 우리가 우연이라고 생각했던 것들은 점점 기술의 책임으로 탓을 돌릴 것이다. 이제 우연의 영역은 책임의 영역으로 편입되었다. 인간의 출생과 같은 신비로운 영역은 '우연적인 것'에서 '만들어진 것'으로 변해가고 있다. 자연적으로 '성장한 것'에서 이제 기술적 개입으로 인해 제작 또는 '만들어지는 것' 사이의 경계가 점점 무너지고 있다.[65] 유전자 편집 기술은 '인간의 생명은 신의 은총이다'라는 가치를 붕괴시키고 있다.

하버마스는 태어난 아이가 생명공학 기술로 맞춰서 태어난 것을 아는 순간 자신은 부모와 기술의 생산품이라는 것을 경험하게 될 것이라고 했다.[66] 자연적인 현상으로 여겨졌던 생물학적 메타모포시스는 인위적으로 만들어진 기술적 메타모포시스로 변하고 있다. 자연적 형태는 기술의 개입으로 변형된 기형의 모습으로 탈바꿈하고 있는 것이다.

요나스는 유전공학 기술로 '인위적인 것'과 '자연적인 것' 사이의 간격이 좁혀지고 있다고 했다. 그는 과학기술이 거대한 자연의 공간을 삼키고 있으며, 그 공간 속에 인위적 제작품으로 채워가는 것에 대해 염려했다.[67] 자연스러운 메타모포시스는 점점 기계적이고 기형적인 메타모포시스로 변해가고 있다. 앞으로 인류는 이러한 변화에 대해 어떻게 받아들여야

---

65) 위의 책, 89.
66) 위의 책, 89.
67) 한스 요나스/이진우 역, 『책임의 원칙』, 서광사, 1994, 38.

하는가? 자연적 메타모포시스가 아닌 기형적 변형에 길들여진 미래의 모습은 과연 어떻게 될 것인가?

2. 자연, 하나님의 품으로 되돌려야

1) 자연의 집에서 전세살이

* 거꾸로 강을 거슬러 올라가는 연어들처럼

과학기술의 형태로 전개되는 메타모포시스와는 달리 자연스러운 과정인 생물학적 변화, 즉 생과 사의 과정을 거쳐 생명체들은 순환된다. 인간의 삶과 생식도 다를 바 없다. 인간의 출생은 서로 다른 세포가 만나서 형성된다. 서로 다른 타자성을 가진 세포, 즉 정자와 난자가 서로 보완하고 두 세포가 결합하여 새로운 생명이 잉태된다. 이처럼 자연의 출생은 인간의 계획이나 인위적인 것이 아니라 아주 우연스러운 현상이다.[68] 하지만 인류는 이런 자연스러운 행위 더 나아가 하나님이 만든 창조세계에서의 자연스러운 것들에 개입하면서 생물학적이고 자연스러운 우연의 조합을 인위적인 기술로 포장하고 있다.

가수 강산애가 부른 「거꾸로 강을 거슬러 오르는 저 힘찬

---

68) Leon Kass, "The Wisdom of Repugnance," *Flesh of My Flesh*, 1998, 23-24.

연어들처럼」의 노래를 한번쯤 들어보았을 것이다. 세찬 물살을 거슬러 오르면서 자신의 유전자를 자연에 남기려는 본능은 자신의 목숨도 마다하지 않게 만든다. 이처럼 자연에서 생명의 탄생은 또 다른 생명의 소멸을 가져온다. 하나의 탄생은 또 다른 둘의 죽음을 가져온다. 알을 낳고서 생을 마치는 과정은 지극히 자연스러운 행위이다. 강을 거슬러 올라가는 연어는 말 그대로 생사의 모습을 담고 있다. 자신의 죽음을 너무나 잘 알지만 연어는 자연의 순리를 거스를 수 없다.69)

자연에서 허락되는 메타모포시스는 인간의 개입을 허락하지 않는다. 양식장에서 알을 낳는 연어의 모습은 그들 본연의 모습이 아니다. 인간의 삶도 마찬가지이다. 인위적 기술의 개입으로 양식장에서 부화되는 연어의 알처럼 우리의 삶도 양식화되어가고 있는 것이다. 앞의 언급처럼 「아일랜드」 영화에서 나온 주인공들이 어쩌면 양식장에서 자란 연어처럼 과학기술에 의해 탄생된 복제품이 아닌가?

지금 우리는 생명공학 기술의 화려함에 눈이 먼 것은 아닌가? 기술에 따른 변화들에서 우리가 신중해야 할 이유는 '기술의 개연성'에서 비롯된 문제들이다. 생명공학 기술의 결과는 전혀 앞을 예상할 수 없다. 우리는 결과를 알 수 없기 때문에 그 결과의 모호성에 우선순위를 두어야 한다.70) 생명공학 기

---

69) Leon Kass, "The Wisdom of Repugnance", 25-26.
70) 이일학, "의학연구에서 위험성 평가", 「생명윤리정책연구」 vol.2(2008): 220.

술은 과학자 한 사람, 어쩌면 한 연구소에서 다루는 영역이다. 하지만 이 실험이 공동체 전체의 가치관과 연결되기 때문에 신중할 수밖에 없는 것이다. 실험실에서만 연구가 끝나면 되지만 생명공학 기술은 공동체의 가치관에 혼란을 가져올 수 있다.[71] 유전자 편집이나 맞춤아기 기술 같은 생명을 복제하는 기술은 인간 생명과 직결되기 때문에 인간의 실존과 깊은 관련을 가진다. 이에 생명공학자들의 책임은 더욱 요구될 수밖에 없는 것이다.

* 기술의 변증법, 도박을 건 인간의 실존

요나스는 첨단기술의 변증법이라는 용어를 사용했다. 생명공학 기술이 인류에게 막대한 영향을 끼칠 수 있다는 것 외에도 우리가 지나치게 그 기술에 의존하는 것에 대해 우려했다. 우리가 기대 이상으로 혹여나 잘못된 예측을 수용할 경우, 미래는 예상치 못한 재앙으로 변할 수 있다는 것을 염려해야 한다고 말했다.[72]

그는 인류의 본성과 실존이 과학기술의 도박에 담보가 되어서는 안 되며, 기술에 우리의 실존을 모험 걸어서는 안 된다고 경계했다.[73] 지금 우리는 그 기술의 방향성을 찾기보다는 기술의 유익한 질병치료와 생명연장에만 치중하고 있다. 우리

71) 김광연, 『유전자 정치와 호모 데우스』, 194.
72) 한스 요나스, 『기술 의학 윤리』, 48-49.
73) 한스 요나스, 『책임의 원칙』, 80-1.

는 그 기술이 가져다줄 인간 실존의 변화에 대한 예측에는 아무런 호기심을 가지고 있지 않고, 오직 우리 자신을 기술에만 의존하고 있다.

또한 우리는 과학기술과 신학적 · 철학적 반성의 간극인 윤리적 공백에 나타난 기술의 역풍에 대해 주시해야 한다. 현재 생명공학자들은 복제기술뿐만 아니라 인공지능 기술까지 연구에 몰두하고 있다. 하지만 이런 연구 속도에 비해 신학적이고 철학적 성찰이나 윤리적 반성은 더디게만 가고 있는 것이 우리의 현실이다. 만약 이런 사태가 지속될 경우, 윤리적 성찰이나 신학적 숙고의 시간은 점점 줄어들고 그 속도를 결국은 따라잡지 못하게 될 것이다.[74]

위르겐 몰트만(Jürgen Moltmann)은 신학은 지금 역사의 영역에서 점점 후퇴하고 있다고 보았다. 그는 신학은 지금 자연을 무책임하게 과학자들에게 맡겨버리고 있다고 보고, 자연과학의 개선 행진에 안일하게 대처하는 자세를 비판하고 있다.[75] 몰트만은 신학의 역할은 자연이 어떻게 하나님의 창조로 이해되는 것인지 밝혀야 하고, 자연은 하나님의 나라와 보존을 위한 도정(道程)에 서 있다고 보았다. 무엇보다 자연은 창조자의 세계 속에 한 드라마 속 행위라고 했다.[76]

과학은 자연을 인간의 영역에 집어넣었다. 하지만 신학은

---

74) 위의 책, 192-193.
75) 위르겐 몰트만/김균진 역, 『창조 안에 계신 하나님』, 대한기독교서회, 2017, 59.
76) 위의 책, 69-71.

자연 안에서 인간이 포함되어 있다는 것을 밝혀야 한다. 신학은 자연이 하나님의 중대한 창조 사역 속의 한 장면이라는 것을 제시하고 하나님의 침묵에 대해 서서히 답해야 할 것이다.

* 자연의 집에서 전세살이, '임대사업은 이제 그만'

몰트만은 오늘날 과학기술들이 인간의 가치와 신념을 재구성하는 역할을 하고 있으며, 그들의 힘으로 세계의 가치관을 지배하고 모든 것을 손에 넣으려 한다고 비판했다.[77] 몰트만은 지구의 생태적 위기가 인간의 욕심에서 비롯되었다고 보았다. 그는 자연을 하나님의 품으로 되돌려야 하고, 하나님의 손에 지구를 얹어놓아야 한다고 했다.

자연은 인간이 자의적으로 가질 수 있는 소유물이 아니다. 자연은 하나님의 전유물이다. 인간은 하나님의 것을 잠시 임대한 것이다.[78] 우리는 자연의 집에서 잠시 전세살이하고 있다. 하지만 인간은 욕심에서 자유롭지 못해 자연을 임대사업으로 생각한다. 우리는 자연을 무분별하게 파헤치고 개발하여 임대사업으로 돈을 벌어들인다. 우리는 자연을 우리들의 것이라고 착각하고 있다. 예수님은 시험을 받을 때 산 정상에서 세상의 모든 것을 가질 수 있는 기회를 단호히 거절했다. 하지만 우리는 산 정상에 올라가면 자신의 이름을 새긴다. 우리는 그곳에서 산 정상을 소유한 것처럼 자부심을 가진다. 우리

---

77) 위의 책, 51-52.
78) 김균진, 『생태학의 위기와 신학』, 대한기독교서회, 1992, 82-83.

는 그곳을 우리의 것으로 만들려는 욕심을 보이기 시작한다. 누구의 주인이 될 수 없는 남극의 오지마저 우리는 모국의 국기를 꽂는 순간 자기들의 영토라고 생각하고 있는 것은 아닌가? 하지만 남극의 주인은 우리의 것이 아니다. 남극의 주인은 자이언트 펭귄이고 남극 물개이다. 아니 그곳은 인간의 발걸음이 닫지 않는 하나님의 것이다. 산을 등반하는 전문가들은 산을 오르기 전에 다짐하는 것이 있다. 그들은 산 정상을 오르기 위해서는 하늘의 도움이 필요하다고 말한다. 에베레스트산 정상에 도달하기 위해서는 하늘의 도움이 필요하다고 말한다. 만약 자연이 우리의 길을 막는다면 거대한 눈덩이가 우리를 방해하게 될 것이다. 자연의 허락이 없이 인간의 기술로 산 정상에 도달할 수 없는 것이다. 자연의 허락을 받아야만 정상을 오를 수 있다. 산 정상을 오르게 하는 것은 기술이 아니었다. 물론 텐트와 음료가 필요할 것이다. 하지만 그들의 따듯한 담요가 거대한 눈덩이를 막을 수는 없을 것이다. 자연의 허락이 인간에게 산을 내어주는 것과 무엇과 다른가? 아직도 우리가 산의 주인이라고 생각하는가?

산을 타는 사람들이 자연의 허락 없이 자신의 피나는 노력과 우수한 장비만으로 산 정상에 오른다고 생각한다면, 그것은 착각이다. 마치 바벨탑을 쌓아올려 하늘에 닿고 싶어 하는 인간의 욕심처럼 말이다. 자신의 피땀으로 벽돌을 쌓아 하늘을 오르고 싶은 인간의 욕망과 무엇과 다른가? 생명공학시대에 우리는 유전공학 기술로 호모 데우스가 되어가고 있다. 과학기술로 우리는 생명을 무한정 연장하고 죽음을 극복하려는 초월적인 존재가 되어가고 있다. 이제 인류는 호모 사피엔스에서 호모 데우스가 되어가고 있다. 이것 또한 인류는 자연적인 메타모포시스가 아닌 새로운 메타모포시스를 기획하는 것이다.

우리는 이러한 위기를 극복하기 위해 우리 본래의 모습으로 돌아가야 한다. 하나님이 우리를 처음 창조하신 모습, 바로 자연과 함께하고 자연 속에 우리를 있는 그대로 내맡기는 '생태적 인간'으로 되돌아가야 한다. 생태적 인간은 자연 속에 살아가는 생명체들과 수직적 관계를 거부한다. 자연과 함께하고 자연의 모든 생명체들과 동등한 수평적 관계를 가진다.[79] 생태적 인간은 하나님을 자연의 주인으로 간주한다. 생태적 인간은 애벌레가 나비가 되는 자연스러운 과정을 받아들이고, 우리도 이러한 자연스러운 메타모포시스를 거쳐 삶을 마감하는 존재임을 받아들인다. 우리는 이처럼 생과 사를 거부감 없이 받아들이고 한 줌의 흙처럼 자연의 일부가 되어간다.

루돌프 불트만(Rudolf Bultmann)은 인간이라는 존재는 자연의 행위에 대해 단지 수동적으로만 받아들이고 당하는 존재라고 했다. 자연 안에서는 연약하기 짝이 없는 존재가 바로 인간인 것이다. 그는 기계적 형태는 인간의 의욕에서 시작되는 것들이며, 이러한 것들은 자연과 별개의 것이라고 했다.[80] 자

79) 김광연, "GMO 식품에 나타난 유전자 조작 기술의 기독교 윤리적 비판", 「기독교사회윤리」 제39집(2017): 116-117.

80) 김균진, 『생태학의 위기와 신학』, 63-64.

연은 '있는 그대로'의 형태를 지닌다. 자연은 인간의 기술적 개입이나 인위적 산물에 의해 생겨나는 것이 아니라 인간의 관여에서 자유로운 하나님의 의도에서 시작된 것들이다.

인간은 있는 그대로의 자연과 더불어 살아가는 존재, 자연을 떠나 살 수 없고 자연과 공유하는 존재이다. 인간은 자연으로부터 결코 분리될 수 없다. 인간은 생물의 다양성을 인정하고 그들과 함께 살아가는 존재 바로 '호모 심비우스(Homo Symbious)'이다.[81] 호모 데우스, 신이 된 인간은 자연을 소유하려고 한다. 하지만 우리는 자연과 더불어 공생하는 호모 심비우스가 되어야 한다. 우리는 더 이상 자연을 임대사업으로 생각해서는 안 된다. 우리는 잠시 자연에서 전세로 살고 있는 존재들이다. 우리는 자연을 원래의 소유자, 임대해준 주인에게 되돌려주어야 한다.

하나님의 침묵이 지속되고 있다. 하나님은 지금 아무런 말을 하지 않고 있다. 그동안 자연은 계속 파괴되고 있다. 우리는 동산의 소유자의 뜻과 무관하게 무분별하게 임대사업을 펼치면서 유전공학 기술을 남발하고 있다. 주인이 오기 전 우리는 전세로 살고 있는 집을 깨끗이 치워야 할 것이다. 아니면 우리는 어쩌면 가혹한 대가를 치러야 할지도 모른다. 하나님의 침묵이 지속되고 있다. 하나님의 침묵은 동의를 의미하는 것이 아니다. 신은 우리 스스로가 자정 능력을 갖기를 원한다.

---

81) 최재천, "혼자만 잘 살믄 무슨 재민겨", 「환경정보」 vol.413(2014): 2-4. 김광연, 『유전자 정치와 호모 데우스』, 재인용, 91.

자연을 원래의 주인인 하나님께 되돌려주는 전세 기간이 막바지에 달하고 있다. 어쩌면 집주인이 새로운 세입자를 찾고 있는지도 모른다. 하나님의 침묵에 우리는 서서히 답해야 할 시간이 다가오고 있다. 자연을 원래의 집 주인에게 되돌려주고, 우리는 어쩌면 다시 재계약을 할지 두려움의 시간이 오고 있는 것이다.

2) 하나님의 울음소리

생명공학 기술은 자연에서 발생되는 변태를 인위적이고 기술적으로 바꾸고 있다. 우리는 자연을 원래의 주인인 하나님께 되돌려주어야 하는데 우리의 역할은 어떤 것들이 있을까?

우선 생명이 하나님의 선물이고 은총이라는 가치관을 다시금 확인할 필요가 있다. 현대 과학기술의 발달로 우리는 생명의 가치를 유기적으로만 해석하는데 너무 익숙해져 있다. 집에서 기르는 애완용 동물의 예를 들어도 그렇다. 인간 중심적으로 그들을 길들이고, 성대 수술을 하는 등 생명의 가치를 도구화하는 데 거리낌 없다. 하지만 우리는 인간을 포함한 모든 생명을 유기적으로만 이해해서는 안 된다. 특히 인간의 탄생은 지극히 신비롭고 하늘의 은총으로 태어난 존재임을 다시금 확인해야 할 것이다.

샌델은 생명의 탄생을 '은총(giftedness)'이라고 했다.[82] 그는

82) Michael J. Sandel, *The Case against Perfection*, 29.

인간은 이미 태어날 때부터 주어진 재능을 가지고 살아가는 존재로 보았다. 주어진 재능 또한 우연히 각자에게 허락되는 것이고 그것은 하늘의 선물인 것이다. 하지만 언제부터인가 인간은 프로메테우스적인 열망을 감추지 못하고 선물로 간주되는 인간의 생명을 점점 도구화하고 있는 것이다.[83] 인간의 생명은 하늘에서 준 축복이다. 모든 생명의 근원은 하나님에게서 난다(잠 4:23). 하나님이 천지를 만든 이후, 태양 아래 새 것은 없다(전도서 1장).

다음으로 우리는 기술의 공포, 앞으로 우리에게 닥칠 기술의 개연성에 대해 늘 지켜보아야 한다. 우리는 지나치게 과학기술에 맹신하고 있다. 과학기술이 가진 긍정적은 에너지뿐만 아니라 그것이 미칠 부정적인 파장도 동시에 고려해야 한다. 과학기술에 관한 균형 잡힌 시각이 필요하다. 과학자들이 실험하는 기술은 사람을 대상으로 한다. 그렇기 때문에 실험을 실패할 가능성이 조금이라도 발생될 경우 사람에게는 치명적일 수밖에 없다. 더 이상 자연은 인간의 개입이 필요하지 않다. 자연은 있는 그대로 순환의 과정을 거친다. 우리는 자연을 하나님께로 다시 되돌려드려야 한다. 하나님의 침묵은 우리의 뜻에 대한 동의가 아니다. 우리는 자연의 섭리와 하나님의 침묵을 경청해야 할 것이다. 소리 없이 들려오는 하나님의 울음소리에 이제 우리가 응답해야 할 때인 것이다.

---

83) 위의 책, 26-27.

Part 5.

카이로스적 창조와
크로노스적 세계

1. 동산의 첫 열매, 선악과 속 인간의 신놀이

1) 하나님의 형상과 가버넌스

* 하나님 형상에 대한 오해

과학기술의 놀라운 발전과 더불어 인간은 기존의 '자연스러운 것들'이라 불리는 것들, 남녀가 사랑해서 아이를 갖는 자연적 출생마저 인공적으로 제작하는 기술로 대체하고 있다. 인간의 질병을 치료하기 위한 목적과 식량문제 해결 등을 명분으로 생명공학자들은 유전자를 조작하거나 개량하는 실험을 주도하고 있다. 이런 실험들이 자리 잡는 사이에 우리는 자칫 지나친 인간 중심적 사고에 함몰될 처지에 놓여 있다. 이에 우리는 이런 사고의 이면에 숨어 있는 인간의 지배(Dominium terrae)에 관해 질문을 던져야 할 것이다.

태초에 인간은 하나님의 형상을 입고 세상으로 나왔다. 하지만 인간은 하나님과 동등한 존재는 아니었다. 인간은 유한한 존재이자 신의 피조물이었다. 인간은 창조주에 의존하는 존재이고 하나님과는 다르지만 동시에 신의 형상을 닮은 존재이다. 하나님을 닮았지만 하나님과 같을 수 없는 존재가 인간이었다. 인간을 제외한 다른 생명은 하나님의 형상을 입지 않았다.[84]

인간이 하나님을 닮았다는 것, 즉 신의 형상을 입었다는 것은 인간의 본성과 지위에서 하나님의 성품을 닮았다는 것을 말한다. 본성의 의미에서 하나님과 인간의 유사성은 '사람의 영혼은 여호와의 등불'(잠 20:27)이라고 표현된 것에 잘 나타나 있다. 인간이 지성적이고 의지적인 면에서 신과 닮은 존재라는 것이다. 그래서 하나님은 자신과 가장 닮은, 자신의 형상을 한 인간에게 세상의 생명들을 다스리게 했다.[85)]

인간이 하나님의 형상으로 말미암아 창조되었다는 것은 분명 하나님의 선택을 받은 존재인 것은 틀림없는 사실이다. 하지만 하나님의 형상으로 지음 받은 인간은 인간중심적 세계관에 대한 비판의 대상으로도 간주되었다. 오직 인간만이 하나님의 형상을 입었기 때문에 다른 생명체들과 구분된다는 것, 그래서 인간이 하나님과의 특별한 관계에 있고 다른 생명체들보다 우월한 존재로 해석될 여지가 있었다. 자연의 모든 생명체들보다 위에 있다는 것은 자연에 대한 인간의 통치라는 해석으로 볼 여지가 있어 자칫 인간중심적 세계관에 함몰될 수 있다.[86)]

일부 학자들에 따르면 창세기 1장에 나타난 '하나님의 형상'으로서의 인간은 하나님 중심 또는 자연 중심적으로 성서를

---

84) 레날드 맥컬리 · 제람 바즈/홍치모 옮김, 『인간, 하나님의 형상』, 한국기독학생회출판부, 1992, 16-17.

85) 매튜 헨리/원광현 옮김, 『메튜헨리주석 창세기』, 크리스천다이제스트, 2008, 43-44.

86) 김균진, "창조신학의 관점에서 본 자연과 인간의 관계", 『한국조직신학회』 vol.4(1999), 12.

해석하지 않았다. 오히려 그들은 인간 중심적으로 성경에 나타난 인간을 해석했다는 비판을 받기도 했다. 학자들은 하나님의 형상으로 지음 받은 인간이 자연 세계에서 전능한 존재로 묘사될 수 있기 때문에 이런 인간 중심적 이해가 생태학적 위기를 가지고 올 수 있다고 했다.[87)]

그러나 다행스럽게도 과거 전통적 신학에서 다루었던 성경 본문의 해석들이 지나치게 인간 중심적 세계관이었다고 보는 비판과 성찰의 시선들이 속속히 등장하고 있다. 얼마나 다행스러운 일인가? 성경의 시각을 하나님 중심으로 재해석하는 것은 정말 필요한 시대적 요청이다. 현시점에서 다시 해석되는 성서학적 입장은 인간이 자연을 지배하는 존재라고 말하지 않는다. 오히려 인간은 자연 속에서 자연과 함께하는 동반자로 이해된다. 인간은 자연을 통치하거나 수단으로 간주할 수 있는 존재가 아니다. 인간은 자연 속에서 자연과 함께 속해 있는 존재이다. 인간의 몸은 자연에 속하고 자연의 일부이다. 인간은 자연을 떠나서는 생존할 수 없다. 반드시 자연 안에서만 살 수 있는 유기적 존재들이다. 자연을 벗어난 인간은 더 이상 생존할 수 없다. 사람이 달에서 살 수 없는 이유가 바로 그곳은 자연의 세계가 없기 때문이다. 인간과 자연은 지배와 피지배로서의 수직적인 관계가 아니다. 오히려 자연이 주체이고 그런 점에서 인간은 자연의 거대한 흐름에 순응할 뿐이

---

87) 김균진, "오늘의 생태학적 위기와 신학", 「신학논단」 vol.17(1987), 158.

다.[88]

인간은 다른 생명체들과 달리 하나님의 형상을 입은 존재이다. 그렇다고 그것이 특권이 아닌데도 우리는 특권이라고 오해하고 있다. 하나님의 형상을 입은 자들의 특권은 오해에서 비롯되었다. 자연 안에서 모든 생명체들은 나름의 생명의 원칙이 있고 섭리 안에서 살아가야 하는 법이 있다.

하나님의 형상을 입은 사람은 자연 안에서 하나님의 대리자 역할을 할 수 있다. 대리자의 역할은 무엇을 말하는 것인가? 하나님의 대리자로서 인간은 다른 피조물을 관리하는 사명을 가진다. 하나님이 인간에게 준 역할은 땅을 경작하는 것이지 지배하라는 것이 아니다. 그것은 보존의 의미이지 강력한 주인의 의미를 가진 것에서 비롯된 다스림이 아니다. 보존의 의미에서의 다스림인 것이다.[89] 하나님의 형상을 입은 인간은 외형적인 형태의 닮은 것이 아니라 하나님의 성품을 닮은 것을 말한다. 하지만 인류는 먹지 말아야 할 동산의 실과를 먹게 되고, 인류는 하나님의 형상의 모습에서 점점 멀어지고 자신들의 욕심을 드러내기 시작했다.

88) 위의 논문, 161.
89) 위르겐 몰트만, 『창조 안에 계신 하나님』, 323-324.

2) 만인의 만인에 대한 투쟁

* 멋진 신세계, 인간이 만든 세계?

올더스 헉슬리(Aldous Huxley)의 《멋진 신세계》는 인간이 세상을 다시 개조하는 모습을 그렸다. 이 책에서 사람들은 부모 없이 인공수정을 통해 난자에서 수정된 쌍둥이로 태어난다. 헉슬리는 과학기술의 미래를 미리 내다보고 있었다. 헉슬리는 지금의 인공기술을 그 당시 미리 내다보고, 이 기술로 사람들의 대량 생산이 가능하다고 생각했다. 책에서는 계급사회에서 사람들을 언급한다. 그들은 지도자로부터 하수구 청소부에 이르기까지 여러 계급으로 나누어 나름의 생활을 일구어 가고 있었다. 한 난자에서는 무려 180가지의 인간을 대량으로 생산해내는 공장을 언급하고 있다. 그 공장의 실험실에는 태아가 자라고 있다. 그들은 대략 267일 정도 지나면 대량으로 만들어지는 아이들은 따뜻한 태양이 창가에 비치는 온화한 방으로 옮겨진다. 이런 과정을 거친 아이들은 유리병 속에서 보육되지만 그들을 낳은 부모들은 이 세상에 없다. 놀랍게도 헉슬리는 당시 1932년 자신의 책에서 이런 생각을 적었다. 과연 그는 어떻게 이런 생각을 할 수 있었을까? 지금으로부터 대략 90~100년 전 그는 어떻게 이런 생각을 할 수 있었을까?

헉슬리가 꿈꾼 세상과는 달리 하나님의 창조세계는 과학기술과 많이 동떨어져 있다. 하나님의 창조는 신의 단독적인 행위에서 시작된 것이었다. 우리는 혹시 창조의 선로 바깥에서 탈선을 꿈꾸고 있지는 않는가? 창조의 바깥에서 멋진 신세계를 찾고 있는 것은 아닌가? 헉슬리가 말한 멋진 신세계는 창조세계와 동떨어진 세계, 창조의 선로를 벗어난 세계를 말한다.

* 완전 범죄를 꿈꾼 가인

선악과를 먹은 인간은 더 이상 통제력을 상실했다. 그들은 자연의 영역을 벗어났다. 창조세계의 선로를 벗어났다. 탈선해버린 그들은 자기만의 선로에서 정거장을 만들어가고 있었다. 그들은 자연의 통제를 넘어서고 말았다. 인간은 결국 생명에 대한 외연을 확장시킨다. 자신의 종족을 지배하는 영역까지 그들의 욕망이 침투하고 말았다. 그 사건은 가인과 아벨로 거슬러 올라간다. 최초의 살인사건이 일어났다. 생명의 주권이 하나님께 속해 있다는 것을 부인하는 사건이 발생된 것이다. 이번 살인사건은 완전범죄를 꿈꾸었다. 이번 사건은 하나님의 형상을 입은 인간이 또 다른 하나님의 형상을 입은 자를 지배할 수 있다는 사실을 보여주고 말았다.

가인은 자신의 무죄를 밝히기 위해 하나님께 변명을 늘어놓기 시작한다. 그는 자신이 가인의 보호자가 아니라고 말한다. 그리고 아벨의 생명에 대한 책임이 없다고 변명했다. 오히려 가인은 모든 책임을 하나님의 탓으로 돌린다. 동생이 보이지 않는 상황들이 하나님의 무책임함으로 시작된 것이라고 말한다. 정말 하나님의 돌봄의 부재로 나타난 사건인가?[90] 그는 어쩌면 완전 범죄를 계획했는지 모르겠다. 가인이 아벨을 죽이는 사건은 많은 의미를 가진다. 우리가 전혀 생각하지 못한 변명이 등장하고 있다. 가인은 하나님의 책임으로 전가하기까지 한다. 가인이 동생 아벨에게 들로 나가자고 회유한다. 그가 동생을 데리고 나간 것은 충동적인 범행이 아니었다. 가인은 계획적으로 동생을 들판 구석으로 데리고 나간다. 이미 가인의 마음 한편으로는 완전범죄를 구상하고 있었다. 더욱이 살인 장소는 인적이 드문 넓은 들 정중앙이었다. 그곳은 어느 지나가는 행인이 없는 한적한 곳이었다. 어느 누구의 도움을 청할 수 없는 곳이었다. 그의 죄는 단순 범죄가 아닌 계획적이었다.[91]

이 사건에서 더욱 놀랍게도 동생의 생명을 앗아간 가인은 스스로 두려워한다. 자신이 죽인 동생의 공포에서 비롯된 것일까? 가인은 스스로가 자신도 누군가에게 희생될 수 있음을 알고 초조해하기 시작했다.[92] 인간이 인간을 죽일 수 있는 사건이 시작된 것이다. 가인은 더 이상 하나님의 손길이 닿지 않는 어두운 감옥에 갇히고 말았다. 가인은 또 누군가에게 죽을 수 있다는 것을 알게 되었다. 피의 전쟁이 시작된 것이다.

90) 매튜 헨리, 『메튜헨리주석 창세기』, 124-125.
91) 고든 웬함/박영호 옮김, 『창세기 1-15』, 솔로몬, 2001, 241.
92) 제임스 몽고메리 보이스/문원욱 옮김, 『창조와 타락』, 253-254.

가인의 후예들, 그들은 이제 지배와 피지배 사이에서 서로 투쟁하는 존재가 되고만 것이다.

* 만인에 대한 만인의 투쟁

토머스 홉스(Thomas Hobbes)의 '만인에 대한 만인의 투쟁(Bellum omnium contra omnes)'에서 보면 자연 상태에 있는 인간은 자신의 생명을 보존하기 위해 자연권을 행사하는 존재로 나타난다. 자연 상태에서 가장 중요한 것은 자신의 생존권이다. 자신의 생존을 위해 서로는 적대적 관계를 유지한다. 사람들은 자신의 생명을 최우선으로 하기 때문에 각자의 생명을 지키기 위해 다른 이들로부터 위협을 받을 수 있다는 것을 알게 된다.

가인의 후예들은 이제 투쟁의 뿌리를 내리고 있었다. 자신을 다른 사람들로부터 지켜내기 위해서 먼저 타인을 위협하게 된다. 자신을 다른 사람들로부터 지켜내지 않으면 타인에게 위협을 받게 되는 것을 잘 알고 있다. 사람들은 서로 투쟁하고 결국 자연 상태에서 사람들은 '만인에 대한 만인의 투쟁'으로 나아간다. 마치 가인이 아벨을 죽이고 자신도 누군가로부터 목숨의 위협을 받을 수 있다는 것처럼 말이다. 가인의 후예들, 죽음을 땅에 뿌리고 자신도 죽음의 땅에 서 있다는 것을 알게 된 이들이 되었다. 가인의 범죄는 단순한 욕망의 분화구에서 나온 용암이 아니다. 인간이 동족인 인간을 지배하고 해칠 수 있다는 것을 보여준다. 가인의 죄는 인간 스스로가 동일한 생명을 죽일 수 있다는 생명 정치의 시작을 알리는 셈이다. 가인의 후예들은 이제 만인에 대한 만인의 투쟁을 삶의 일부로 받아들이게 되었다.

인간은 하나님 주권인 인간 생명의 영역까지 침투했다. 가인의 완전범죄는 자연이 숨 쉬는 토지를 더럽게 한 사건이었다. 가인은 땅을 저주했다.[93] 선악과의 욕심에서 되돌아오지 못한 그들은 영원한 탈선을 꿈꾸고 말았다. 그들의 후손, 가인 그리고 가인의 후예들은 생명의 지배를 자연까지 확장시키고 말았다. 가인의 후예들은 결국 판도라의 상자까지 열고 말았다. 그들의 욕심 덩어리를 생명공학 기술에 붙이고 말았다. 하나님의 형상으로서 인간은 피의 지배를 넘어 새로운 생명을 조작하는 기술까지 확장시키고 말았다. 인간의 죄는 최초의 하나님 창조세계의 원형을 복귀할 것만 같았지만 결국 그들은 인위적인 세계까지 외연을 확장하고 있다.

93) 매튜 헨리, 『메튜헨리주석 창세기』, 126-127.

2. 카이로스적 창조와 크로노스적 세계

1) 최초의 창조와 계속적인 창조: 카이로스와 크로노스

몰트만은 하나님이 창조한 세계는 완벽하기 때문에 수정이나 보완이 더 이상 필요없다고 말한다. 하나님이 창조한 최초의 세계는 인간의 개입이 더 이상 필요 없는 상태이다. 몰트만은 인간을 하나님의 창조 사역 이후, 자연을 보호하는 '참여자'로 간주한다. 그는 생명이 존재할 수 있는 것은 오직 하나님이 지배하는 자연 안에 있을 때만 가능하다고 했다.[94]

하나님의 최초 창조와 종말론적 세계는 분리되지 않았다. 둘은 연속선상에 놓여 있다. 구속사적 사건은 우리가 사는 곳에서 완성된다.[95] 우리가 사는 이곳, 즉 하나님의 창조세계가 지속적으로 보존되지 않으면 하나님의 구속사적인 완성은 불가능하다. 하나님의 종말론적 완성은 오직 우리가 살고 있는 생태공동체에서만 가능하다.

최초의 창조는 무(無)에서 완성되었다. 창조의 새로운 형태는 없다. 최초의 상태는 이미 완성이고 완벽 그 자체이다. 하나님의 창조는 일회적인 사건이다. 또다시 재건되는 것이 아니다. 이미 일회적인 사건에서 창조는 완성되었다. 최초의 창조는 하나님의 궁극적 종말을 완성하기 위한 출발이다.[96]

94) 위르겐 몰트만, 『창조 안에 계신 하느님』, 288-289.
95) 위의 책, 287-289.

최초의 창조는 완벽하다. 인간은 최초의 창조에서 만들어진 창조물이다. 다만 인간은 계속적인 창조과정에서 참여자로서 역할을 해야 한다. 하나님의 창조 곧 '새로운 것'의 창조는 단지 '일회적인' 창조에서부터 이미 완성되었다.[97] 하지만 인간은 판도라의 상자 뚜껑을 열고 말았다. 열어서는 안 되는 상자를 열어 생명공학 기술을 끄집어내고 말았다. 최초의 창조세계를 조작하려는 기술을 세상 밖으로 가지고 나온 것이다. 최초의 창조, 완벽한 창조세계에 금이 가고 있다. 인류의 신놀이로 인해 계속적인 창조로 가는 과정에서 적지 않는 균열이 생기기 시작한 것이다. 계속적인 창조는 태초에 이미 완성된 창조에서 더하거나 뺄 필요가 없다.

* 카이로스와 크로노스

최초의 창조와 계속적인 창조는 '카이로스(Kairos) 창조'와 '크로노스(Chronos) 창조'로도 설명된다. 크로노스의 시간은 단순히 우리가 살면서 흘러가는 물리적 시간을 말한다. 해가 뜨고 지면서 발생되는 어제와 오늘의 일상적인 시간의 흐름이다. 이 시간은 지구의 자전과 공전 주기에 따라 흐른다. 반면 카이로스의 시간은 특별한 의미가 있을 때의 시간을 말한다. 우리가 가끔 '그때', 그 순간'이라고 일컫는 의미 있는 시간을 말한다. 크로노스의 시간은 우리나라의 사계절처럼 봄이 오면

96) 위의 책, 304-305.
97) 위의 책, 304-305.

어김없이 여름이 오는 시간을 말한다. 우리의 인생을 말하자면 태어나서 죽고 흙으로 돌아가는 시간을 말한다. 하지만 봄이 되어 개나리가 꽃망울을 터뜨리는 그 시간, 그 의미를 가진 시간을 카이로스적 시간이라고 한다.

산모의 임신 9~10개월이 지나는 물리적 시간을 크로노스라고 하고 태아가 뱃속에서 나오는 그 순간, 아이가 울음을 터뜨리는 그 임박한 순간을 카이로스의 시간이라고 한다. 예수가 공생애 기간 제자들과 함께 한 물리적 시간은 크로노스의 시간이고 십자가에 달려 하늘을 향해 '엘리엘리 라마 사박다니'라고 하는 그때를 카이로스의 시간이라고 한다.

카이로스적 창조는 최초의 창조를 말한다. 일회적으로 다시는 오지 않는 그 순간의 시간을 말한다. 크로노스적 창조는 하나님의 유일회적 사건 이후의 계속적인 창조를 말한다. 크로노스적 창조는 지금 우리가 카이로스적 창조의 완성 이후 자연과 함께 살아가는 계속적인 창조를 말한다. 이 창조에서 인간은 하나님의 창조 사역에 동참하는 참여자가 된다.[98] 성서에 창조를 완성하고 '하나님이 보시기에 좋았더라(창 1:31)'라는 긍정의 평가, 그 평가는 오직 카이로스적 창조에서의 완성을 의미한다.

카이로스적 창조세계가 완성되고 인류는 크로노스적 창조에서 살아간다. 인간은 카이로스적 창조에 함께 할 수 없었다.

---

98) 위의 책, 182-183.

하지만 인류는 마치 카이로스적 창조의 주인처럼 그 세계를 기술의 힘으로 개조하려고 한다. 그 사건은 오직 하나님만이 주권을 가지고 있었다. 인간은 오직 크로노스적 창조에만 함께 할 수 있다. 인간은 과학의 힘을 통해 카이로스적 세계관을 지배하고 조작하고 있다. 인류는 크로노스적 창조에서 다시 올 예수의 재림 곧 종말론적 완성이 도달할 때, 다시 카이로스적 세계관에 참예할 수 있을 것이다. 우리는 또다시 종말론적 완성이 이루어질 예수의 재림, 그때 다시 카이로스적 시간을 기다리고 있어야 한다.

2) 정원의 연못을 가꾸라

전 세계가 환경 문제로 골머리를 앓고 있다. 여전히 전 세계 여러 국가는 치열한 경쟁 속에서 자연을 착취하고 있다. 환경오염은 우리의 일이지만 나의 일은 아닌 것처럼 우리는 여전히 환경오염을 남의 일처럼 불구경하듯 대한다.

몰트만은 인간의 욕심은 자연을 죽게 한다고 했다. 자연의 죽음은 곧 인간의 죽음과 직결된다. 이에 생태학의 위기는 곧 인간의 위기이다.[99] 그는 생태학적 위기의 원인을 인간 중심적 해석에서 비롯된 것이라고 한다. 그는 자연을 인간의 도구로 보고, 자연의 의미들을 인간적 기준에서 자의적으로 해석한다고 했다. 그는 현대 과학기술은 인간에게 아주 강력한 힘

99) 위르겐 몰트만, 『창조 안에 계신 하느님』, 45.

을 불어넣어주었고, 오히려 이 힘은 인간 스스로의 통제력을 빼앗아가고 말았다고 했다.[100] 몰트만이 보는 생태적 위기는 자연을 파괴하는 것을 넘어 인간 삶 전체의 영역으로까지 확장되고 있다고 했다.[101]

인간은 산림의 무분별한 개발과 자원을 착취하는 데 주저하지 않았다. 게다가 인간은 유전자 조작 기술을 통해 자연의 흐름을 방해하고 있다. 인류는 자연보존이라는 막중한 의무감을 가지고 있었다. 하지만 그것도 이젠 옛말이다. 현대인에게서 자연은 기술만큼 큰 의미를 가지고 있지 않는 것 같다. 인류는 기술의 힘에 의존한 채, 자연을 존중하기보다는 경솔히 대하고 있다.

우리가 얻는 소산들은 모두 자연으로부터 나온다. 우리가 살아가기 위해서는 자연을 소중히 다뤄야 하는 건 누구나 다 아는 사실이다. 자연은 하나의 정원이다. 정원사가 정원을 아름답게 꾸미는 것은 자신의 임무이다. 정원사는 정원에서 다양한 생명체들이 살 수 있는 공간을 만들어주어야 한다. 만약 정원사가 연못의 잉어들을 그냥 방치한다면 물은 악취로 변해 더 이상 물고기들이 생존할 수 없게 될 것이다. 정원사가 잠시 그 가치를 잊어버리면, 결국 연못의 물은 썩고 잉어들은 산소 부족으로 죽을 것이다. 나무들은 푸른 잎들을 잃을 것이

100) 김도훈, "위르겐 몰트만의 생태신학", 『현대 생태신학자의 신학과 윤리』, 대한기독교서회, 2006, 224-225.

101) 위르겐 몰트만, 『창조 안에 계신 하느님』, 45.

고 마침내 정원은 어둠의 숲으로 변할 것이다.

게르하르트 폰 라트(Gerhard Von Rad)는 하나님이 사람에게 자연을 다스리라고 지위를 준 것은 인간이 자신의 주인인 하나님의 명령을 받들라는 의미라고 말했다.102) 하나님께 자연의 지배권을 받은 인간은 자연을 착취하라는 의미는 아니었다. 앞에서 살펴보았듯이 인간은 하나님과 자연 사이에서 중재 역할과 청지기적 사명을 해야 하는 것이었다. 하나님은 인간에게 독창성을 주셨다. 다만 그것은 자연을 보존하는 범주 내에서의 독창성이었다. 인간은 자원을 이용해서 그것을 다시 생산해낼 수 있는 창의적인 활동을 할 수 있다.103) 인간이 가진 창의적 활동은 인간 중심적인 기준이 아니라 자연 중심적 가치관에 부합되어야 하는 것이었다.

우리가 자연을 대하는 과정에서 자연을 주체로 대해야 한다. 우리가 자연을 대상이나 객체로 대할 경우, 우리는 '생태적 무지함'을 드러내는 것이다. 생태적 무지함은 자연을 인간 중심적 기획으로 판단하는 것이다. 생태적 무지함은 우리가 지금 생태적 위험에 처해 있다는 것을 잘 알고 있지만, 우리가 그것에 대해 충분히 실천할 만큼의 대안을 가지고 있지 못할 때를 일컫는다.104)

102) Gerhard Von Rad, *Old Testament Theology*, London: SCM Press, 1976, 146.

103) 켄 그나나칸/이상복 옮김, 『환경신학』, 기독교연합신문사, 2005, 98-100.

104) 전현식, 『기후붕괴시대, 아주 불편한 진실, 조금 불편한 삶』, 동연출판사, 2010, 184-185.

몰트만은 "인간은 자연을 결코 소유할 수 없다고 말한다. 자연은 하나님의 창조 행위에서 비롯되었기에 자연은 하나님의 것이다."[105]고 보았다. 그는 "인간과 모든 생명체들은 자연에서 얻어지는 소산을 가지고 먹고 살아간다. 이에 우리는 자연에 대해 감사와 존중을 갖춰야 한다고 했다. 우리는 자연의 지배를 결코 정당화 할 수 없다."[106]고 했다. 그는 "하늘과 땅이 존재하는 것은 사람을 위해서가 아니라고 했다. 몰트만은 올바른 신학은 창조세계를 인간 위주의 가치관에서 해방시켜야 한다."[107]고 보았다.

하나님은 우리에게 자연을 통해 얻어지는 소산물을 가공할 수 있도록 자의적인 창조성을 허락했다. 인간을 비롯한 모든 생명체는 스스로의 가치를 가진다. 그들 생명체들은 스스로 살아갈 수 있는 권리를 가진다. 그들은 누구에게 결코 구속받을 수 없는 존재이다. 그들 스스로는 존엄한 '목적적 가치'를 가지고 있다.[108] 하지만 유전자 편집 기술을 목적으로 하는 개량주의 우생학 시대가 오면서 인간은 최초의 완성된 창조세계를 바꾸고 있다. 인류는 최초의 세계, 곧 수정이 불필요한 완벽한 자연을 조작하고 있다. 인류는 지금 하나님의 섭리에 역행하는 기술을 시도하고 있다.

---

105) 위르겐 몰트만, 『창조 안에 계신 하느님』, 56.
106) 위의 책, 55-56.
107) 위의 책, 55-56.
108) 전현식, "인간줄기세포 연구에 대한 에코페미니즘의 비판적 성찰", 「한국기독교신학논총」 Vol.44(2006), 161-162.

몰트만은 인간 중심주의적 해석은 생명의 공동체를 파괴할 것이라고 했다.[109] 인간과 모든 자연의 생태적 삶은 스스로 자연에 순응해야 했다. 자연에 순응하지 않는 생명체는 자연으로부터 버림받았다. 하지만 인류는 자연의 생명을 제작하고 있다. 앞으로 인류는 다양한 형태의 생명을 주문하고 제작하는 시대를 준비하고 있다.

자연을 지배하려는 인간의 이기심은 어디까지인가? 우리는 신체 증강 시대에 필요한 윤리를 과제를 제시해야 할 시점에 서 있다.

---

109) 위르겐 몰트만/곽미숙 옮김, 『세계 속에 있는 하나님』, 동연출판사, 2009, 185-186.

Part 6.

기독교유전자생명윤리의

아우디레

1. 신학과 과학의 랑데부

1) 신학의 침묵, 과학의 기지개

우리는 아버지가 농구선수이면 아들도 농구선수, 아버지나 어머니가 의사이면 자녀도 의사가 되는 경우를 많이 본다. 우연의 일치인가? 아니면 부모의 권유와 설득인가? 또는 부모의 모습을 보고 배운 환경인가? 그럼 유전자의 영향인가? 유전자의 영향이라면 유전자 결정론이 어느 정도 설득력이 있을 것이다. 만약 전적으로 유전자의 영향이 아니라면 후성유전자 때문이라고 말할 수 있을 것이다.

유전자 결정론과는 다르게 환경이나 삶의 방식 등에서 변해가는 유전자가 과학자들에 의해 발견되고 있다. 인간의 유전자가 부모로부터 타고난 것도 있지만, 환경이나 학습 그리고 삶의 방식으로 변할 수 있다는 사실들이 하나씩 발견되고 있다. 이를 연구하는 학문을 후성유전학(epigenetics)이라 한다. 이 학문은 선천적으로 부모에게 전적으로 물려받은 유전자가 절대적인 영향력을 행사한다는 유전자 결정론과는 다르다. 후성유전학은 우리의 경험이나 삶의 태도 등 후천적으로 우리가 학습한 것을 토대로 우리의 유전자가 변해가는 것을 연구한다.[110] 그렇다면 앞에서 말한 것처럼 아버지가 의사인 경우,

110) 최재천 외 6인, 『사회생물학, 인간의 본성을 말하다』, 산지니, 2008, 173-176.

자녀가 의사가 되는 것은 유전자 결정론에 따른 것인가? 아니면 후성유전학에 의한 것인가? 물론 단정 짓고 둘 중 하나라고 말할 수 없다. 둘 다 자녀의 정체성이나 자아를 형성하는데 상당한 영향력을 끼친다.

옛날에 할머니가 손주에게 "지 애비 똑 닮아간다."라는 말을 한다. 자신의 자식을 닮아가는 손주가 귀여워서 하는 말이었다. 우스갯소리로 엄마가 아들이 아버지를 닮아가는 것을 보고 "지 애비 닮아서 미워죽겠다."라는 말을 한다. 사랑하지만 싫은 남편의 모습을 닮아가는 아들을 사랑하지만 이유 없이 미울 때 엄마가 아들에게 하는 말이다. 우리는 부모의 유전자를 그대로 닮아간다. 그래서 유전자 편집 기술 또는 유전자 가위로 부모에게 물려받는 유전병을 고치는 것도 유전자 결정론과 무관하지 않다.

하지만 후성유전학을 연구하는 사람들은 우리가 부모로부터 그대로 물려받는 유전자보다 후천적으로 학습이나 환경에 의해 형성되는 유전자에 의해 우리의 유전자가 변화된다고 했다.[111] 이들은 우리가 부모로부터 동일한 유전자를 물려받지만 전적으로 영향을 주지 않는다고 했다.

우리는 어느 정도 학습에 지배를 받는다. 우리가 흔히 알고 있는 말들, 그 말이 과학적이든 그렇지 않든 뇌는 쓰면 쓸수

111) 한남식, "후성유전체에 대한 연구 동향(후성유전체 최신 연구 방법 및 동향, 후성유전학 활용을 통한 암 진단 및 치료 기술 개발 동향)", BRIC View, 2015, 4.

록 똑똑해 진다는 말, 1%의 영감과 99%의 노력, 아인슈타인도 뇌 전체의 3%도 사용하지 않았다는 말 등은 어쩌면 선천적으로 타고난 유전자가 전적으로 그 삶을 결정하는 것이 아니라는 것과 상통할지 모른다.

우리는 삶에 상당 부분은 후천적인 영향을 받는다. 우리가 살면서 좋고 나쁨의 가치는 바로 후천적 학습에 의해 다음 세대로 이어진다. 서로의 단점은 보완하고 장점은 연대를 통해 공유하는 것들은 어쩌면 사회의 학습이 만들어가는 가치일 것이다. 그런데도 유전적인 영향은 결코 무시할 수 없다.

기억할 것이 있다. 과학시대에 우리는 지금 유전자 결정론이나 후성유전학과 같은 과학의 기지개를 경험하고 있다. 이 두 학문은 우리가 살아가는 데 상당한 영향력을 미친다. 특히 유전공학 시대에 두 학문의 영역은 인류 역사를 집어 삼킬 만한 영향력을 가지고 있다. 이 시대에 신학은 지금 어디쯤 있는가? 혹시 신학의 침묵이 지속되고 있는 것은 아닌가? 왜 신학은 침묵 속에서 더디게 가고 있는가? 신학이 침묵하는 사이에 과학은, 특히 생명공학은 기지개를 펴고 거리를 활보하고 있다. 이제 서서히 신학도 입을 열어야 할 시간이다.

2) 둘의 첫 만남, 그들의 아우디레

하버마스는 과학기술이 여러 문명을 거치면서 전통적인 가치들을 잠식시키는 원인을 제공한다고 했다. 과거 전통적인 인간 존엄성을 지키기 위해서 사회 구성원들은 공공선에 맞는 윤리적 틀을 하나씩 구축해야 한다고 했다. 특히 복제시대에 종교와 과학의 평행선 사이에서 매울 수 없는 틈을 채우기 위해서는 서로의 합의가 필요하다고 했다. 하버마스는 배아와 같은 생명체는 지금까지 우리가 다루지 못했던 실존적 물음을 가진 존재라고 보았다. 그래서 배아에 대해 우리가 선불리 대답할 수 없다고 보았다.[112)]

하버마스는 이런 존재들에 대한 물음을 답하기 위해 소통의 장(場)을 만들어야 한다고 했다. 그는 과학과 철학 그리고 신학의 거대 담론을 통해 서로의 차이점을 인정하고 가치관을 존중하는 논의가 필요하다고 했다. 또한 다음 세대를 위해 과학기술의 책임과 생태계에 대한 연구자 및 과학자들의 책임 그리고 인류 전체의 책임으로 나아가야 한다고 했다.[113)]

하버마스는 사물을 객관화하려는 '기술의 사유화'에 대해 비판했다.[114)] 공동체의 구성원이 기술행위를 사적으로 소유할 때 생명공학 기술에서 발생하는 유전자 치료 기술에 따른 분배의 불균형이 발생할 수 있다고 보았다. 그는 배아를 '정의내릴 수 없는 존재'로 간주했다. 그래서 배아와 같은 존재들을 연구하는 것과 익명의 무책임한 생명공학자들의 욕망으로 인해 개량주의 우생학 시대에 발생될 기술이 윤리적 논의를 더

112) 위르겐 하버마스, 『인간이라는 자연의 미래』, 75-77.
113) 위의 책, 76.
114) 장춘익, 『하버마스의 사상』, 나남출판사, 2001, 180.

욱 어렵게 만들고 있다고 보았다.

인간복제 기술이 실현되는 미래의 어느 시대에 인류는 자신의 몸이 기술에 의한 규격화의 대상임을 알게 될 것이고, 그로 인해 인류는 기술의 행위들과 마찰이 불가피하게 될 것이다. 기술에 의해 도구로 제작된 인간, 기계로 프로그래밍된 인간은 생산자의 기대와 주문자 입장에 서 있는 고객과의 관계에서도 자유롭지 못하고 늘 기술 기획자의 기대치와 부딪치게 될 것이다.[115]

* 호모 이코노미쿠스, 경제적 인간의 포기

우리는 오랫동안 경제성장을 목표로 물질적 풍요를 추구하였기 때문에 자연에서 얻을 수 있는 가치에 대해서는 소홀했다. 이 과정에서 유한한 물질을 풍요롭게 가지고 싶은 인간의 욕망과 결합된 물질 중심의 가치는 더욱 가속 페달을 밟고 있다. 하지만 경제 중심으로 이동된 질서는 환경파괴라는 거대한 숙제 앞에서 암초에 부딪치게 되었다. 여전히 성장 제일주의를 추구하는 여러 선진국들은 경제 및 이윤 추구를 목표로 환경을 무자비하게 훼손하고 있다.

지금 우리는 자신들의 욕구만을 채웠던 경제 중심 정책이 아니라 생태 중심의 변화를 요구할 수밖에 없는 시대를 경험하고 있다. 환경을 존중하는 자세는 생태학적인 인간에 바탕

115) 위르겐 하버마스, 『인간이란 자연의 미래』, 95-96.

을 둔 지속가능한 개발을 추구할 때 가능해진다. '호모 이코노미쿠스', 즉 경제적 인간의 포기는 생태적 인간의 시작이다.[116] 경제성장이 자연친화적인 방향으로 노를 저을 때 우리가 사는 공동체는 환경 보존을 넘어 생태적 인간으로 나아갈 수 있는 것이다.

또한 신학과 과학의 두 담론은 결코 마주치지 않는 평행선을 달리는 듯했다. 두 지점 사이에서 접점을 찾기란 어려워 보였다. 하지만 우리는 그 어려움을 방관할 수만 없다. 기존의 신학은 인간의 내적 본성과 가치를 소중히 여기고, 형이상학적 가치에 충실한 나머지 생명공학 기술 발전의 속도를 까마득히 잊고 있었다. 물론 과학기술도 인간의 본성과 가치를 망각하고 생물학적 환원주의에 입각해서 기술 개발에만 열중했다. 이젠 두 학문 사이의 간격을 좁혀야 할 때가 온 것이다. 새로운 형태의 변화를 예상할 수 있는 만큼 두 영역의 교두보를 확보하는 것은 우리의 절박한 과제로 남아 있다.

한때는 서로 다른 가치관으로 과학과 신학은 경계의 대상이 된 적이 있었다. 과거 인간 생명 탄생은 신비 그 자체였다. 이런 형이상학적 가치들은 기술 중심의 인공수정을 호의적으로 받아들일 수 없었다. 과거 종교적 가치관은 의사가 핀셋으로 정자와 난자의 만남을 주선하는 것은 허락할 수 없었다. 형이상학적 가치관을 소중히 여기는 사람들은 과학기술을 통해 수

116) 정화열, 『몸의 정치와 예술 그리고 생태학』, 아카넷, 2005, 164.

정란이 만들어지는 과정을 가만히 지켜만 볼 수 없었다. 당시 종교계에서는 그 기술이 자연적 임신 과정과 동떨어져 있다고 생각했다.

하지만 과학자들은 인공수정 기술을 개발하여 불임부부들이 아이를 가질 수 있게 해주었다. 그들은 피임기술을 통해 생식의 자유를 가져다줬다. 그 와중에 신학자들은 인간의 본성을 강조한다. 그래서 생명탄생의 영역만큼은 하나님의 고유 영역으로 보고 과학기술에 인간 생명탄생을 양보하고 싶지 않았다. 당시 대다수의 사람들은 인공기술이 과학의 쾌거라고 생각했을 것이다.

그러나 그것은 오해이다. 자칫 과학의 승리로 논쟁의 불씨가 잠잠해지는 듯했지만 반전은 다시 지속되었다. 불임부부에게 소중한 아이를 가질 수 있게 해주는 인공수정 기술은 불임부부에게 생명의 잉태를 제공하는 것 이상의 가치를 지녔다. 그들의 기술은 생명잉태라는 하나님의 창조질서에 부합되는 것이었다. 동시에 인공수정 기술은 자연의 질서에 역행하기보다는 생명탄생을 위해 정자와 난자의 결합을 도와주는 기술이다.

인공수정 기술은 생명을 잉태하는 지극히 자연스런 과정을 돕는다. 이에 두 학문은 생명잉태라는 소중한 가치에 동의할 수 있었고 자녀를 가지고 싶은 부부들에게 인공수정 기술은 생명잉태의 신비에 동참할 수 있는 거룩한 장(場)을 제공해주었다. 이를 교훈삼아 종교는 과학기술에 대한 그릇된 기술 중심적 가치관에만 몰두하는 것이 아니라는 사실을 알았다.

과학 역시 어느 순간 자연의 섭리대로 연구하고 있음을 알게 되었다. 종교에서 추구하는 형이상학적 가치와 과학에서 추구하는 생물학적 인간 이해 그리고 질병치료 기술은 서로 다른 두 영역에서 마치 하나의 영역으로 구축해가고 있었다. 평행선상에서 영원히 마주치지 않을 것으로만 생각했던 두 학문의 가치는 생명잉태의 신비함을 공유하는 정거장을 만들게 된 것이다.

앞으로 복제시대가 도래할 것이다. 신학은 유전자 조작과 유전자 편집 기술 및 맞춤아기 기술에 나타난 윤리적 문제를 지속적으로 성찰해야 하고, 과학기술의 예상할 수 없는 결과들에 대해 문제를 제기해야 한다. 두 학문, 즉 종교와 과학의 통섭을 교훈삼아 우리는 복제시대에 새로운 윤리적 과제를 함께 고민해야 할 것이다. 두 학문은 서로의 다른 가치관을 존중하고 자연 질서에 역행하지 않는 범위 내에서 기술적으로 허용하는 방법을 모색해야 한다. 과학기술도 마찬가지로 신학과 철학의 형이상학적 가치관을 수용하면서 생물학적 연구와 질병치료 등의 학문을 발전시켜야 한다. 신학자들 또한 과학기술이 가진 긍정적 희망을 주시하고 하나님 창조 질서에 역행하지 않도록 지속적인 성찰을 멈추어서는 안 될 것이다.

생명의 존엄성을 중요시하는 신학적 방법과 질병치료를 위한 생명공학 기술행위 사이에서 일치되는 점은 생명의 가치와 존엄성일 것이다. 두 학문의 간격을 메울 수 있는 공통분모는 분명 존재한다. 또한 학자들은 서로 다른 학문과의 소통과 대화를 통해 생명담론을 만들어야 한다. 생명담론이 형성된 다른 영역의 학문들은 신학적 성찰과 과학기술 행위에 나타난 귀납적 방법과 엄밀함을 모두 수용해야 할 것이다.

더 나아가 신학과 과학기술뿐만 아니라 철학과 법학의 상호 교류도 필요하다. 하나의 목적을 위해서 서로 다른 학문들이 생명담론윤리에 초대되어 랑데부를 맞이해야 한다. 서로 다른 성격을 가진 학문들이 머나먼 항해를 마치고 정거장에서 만나는 이들 학문의 랑데부는 생명의 가치를 인정하고, 형이상학적 본질을 추구하는 데 통섭해야 할 것이다.

현대과학은 유전학의 꽃을 활짝 피우고 있다. 이에 신학과 생명공학 기술은 서로의 입장에서 다름을 더 이상 피할 수 없다. 그러므로 이제 두 학문은 형이상학적 본질을 추구하는 동시에 인간의 유전체를 연구하는 데 있어서 윤리적 성찰을 제시하는 '기독교유전자생명윤리'를 요청해야 한다.

* 아우디레, 그녀와의 첫 사랑의 기억

기독교유전자생명윤리는 기독교생태공동체에서 유전학과 생명공학의 엄밀성을 수용하고 동시에 기독교적 형이상학 가치와 접목시키는 학문이다. 이 학문은 유전학과 생명공학과 기독교윤리, 세 학문의 아우디레(audire)의 결정체이다. 라틴어 아우디레는 '경청하다', '숨죽이고 듣다'라는 의미를 가진다.

우리가 하나님의 목소를 경청하고 조용하게 그 분의 속삭임을 숨죽이며 듣는 것을 '아우디레'라고 한다. 이 단어가 가진 또 다른 함의는 '첫 만남'을 말한다. 하나님의 임재를 처음 경험했을 때의 느낌, 첫 사랑을 느낀 그 순간, 그 첫 만남의 표현을 아우디레라고 한다. 연인이 서로 사랑하게 되어 처음 만나는 그 순간을 기억해보라. 연인들의 첫 만남은 서로 다른 정체성을 가진 존재, 서로 다른 성(性)을 가진 두 존재가 하나가 되는 운명적 만남이다. 마찬가지로 신학과 과학의 아우디레, 바로 서로 다른 두 학문의 만남은 역사적인 경험을 만들어나갈 것이다. 이제 과학은 신학의 소리에, 신학은 과학의 소리에 조용히 경청하는 자세를 가져야 한다.

기독교유전자생명윤리의 목표는 과학에 대한 긍정적인 공헌과 기술의 발전을 수용하는 동시에 유전학과 신학의 두 영역 사이에서 추구하는 공통된 목표를 찾는 것이다. 유전학과 생명공학 기술은 미래에 질병치료를 위해 반드시 필요하다.

기독교유전자생명윤리는 기독교적 관점에서 과학적인 유전학적 방법을 수용하고 동시에 형이상학적 생명의 가치를 존중하는 방향을 추구한다. 이 학문은 인간 생명의 가치를 최우선으로 하고 유전학적인 인간과 신학적 인간 이해의 통합을 추구해야 할 것이다. 예를 들면, 이 학문은 배아의 존재에 대해 보다 과학적이고 신학적 방법으로 설명하는 것으로도 설명될 수 있다.

우리는 앞으로 형이상학적으로 해석했던 존재를 단순히 기독교적 가치관으로만 이해하는 것이 아니라 의학, 생명공학 기술과 유전학 및 분자생물학 등 다양한 이해를 가져와 과학적이고 기독교윤리적 방법을 접목시켜 설명해야 할 것이다.

기독교유전자생명윤리는 인간을 구성하는 유전자가 가진 기능을 어느 정도 받아들여야 한다. 인간의 유전자 또한 하나님의 창조물이기 때문이다. 사람의 성격과 질병 그리고 기질은 부모의 유전자에 의해 상당 부분 영향을 받는다. 이 모든 과정은 하나님께서 인간을 만들 때 다양성을 고려해서 창조하셨기 때문이다.

우리는 후성유전학을 살펴보겠지만 유전자가 우리 신체의 모든 것들을 결정하지는 않지만 어느 부분 자녀에게 영향을 미친다. 생명의 탄생이 신비에만 머물러 있던 전통적 관습에서 벗어나 우리들은 유전학과 인간의 성품 및 생물학적 유기체의 연관성을 수용하고 이들을 바탕으로 하나님의 형상으로서 인간 존엄성을 지켜나가기 위해 노력해야 한다.

지금 우리는 복제기술의 빠른 속도를 직접 경험하고 있다. 비록 복제기술의 가능성이 1%라고 해도 아니 0.1%의 가능성만이 존재하더라도 과학기술은 99%의 가능성으로 만들 잠재력을 가지고 있어서 우리는 기독교유전자생명윤리적 성찰을 뒤로 미루어서는 안 될 것이다.

미래는 어느 순간 우리에게 다가올 것이다. 인간복제시대는 어쩌면 피할 수 없는 운명으로 우리에게 점점 다가오고 있다. 앞서 말했지만 영화 「아일랜드」는 앞으로 20년이 지난 2045년에는 그 실현 가능성을 예고하고 있다. 이제 인간복제 기술은 미래 어느 시대, 2045년 미래의 과학자들의 책임이라기보다는 지금 살아가는 우리의 과제이다.

신학과 과학, 두 학문의 상호교류는 마지막 종착역이 아닐까? 서로의 학문은 아우디레를 필요로 한다. 이제 우리가 떠날 여행 코스를 향해 가고 있다. 생명복제시대와 개량주의 우생학 시대에 공동체를 보존하기 위한 과제는 무엇일까?

2. 생명의 바벨탑, 정말 복제인간이 태어나면

* 누가 산의 친구인가?

우리는 경제적 이윤을 추구할 목적으로 자연을 무참히 파헤쳐왔다. 그동안 우리는 인간 중심적 가치관을 중요시하면서 자연의 소중한 가치를 도외시했던 것은 엄연한 사실이다. 해마다 로드킬로 죽임을 당하는 야생동물의 숫자가 늘어나고 있다. 인간의 편리를 위해서 고속도로를 만들면서 야생동물의 길을 침범했기 때문에 벌어진 일이다. 야생동물은 인간의 침범을 모른 채, 자신들이 줄곧 다니든 길을 다니다가 자동차에 치여 죽어나간 것이다. 그들(야생동물)은 우리에게 항변할지 모른다. '원래 우리의 길이 아닌가?'라고.

이뿐이겠는가? 갯벌을 메워 토지를 만들고, 산을 깎아 골프장을 만들고, 강을 막아 물을 오염시키고 이런 일들은 어제

오늘의 모습이 아니다. 우리는 인간 중심적 기획으로 자연을 마음대로 유린하고 있다. 더군다나 경제적 이윤 앞에서는 자연의 가치가 한없이 무너진다. 에코페미니즘을 주장하는 사람들은 자연을 훼손하고 경제적 가치를 지나치게 추구하면서 자연이 희생되는 것을 방관할 수 없었다.

에코페미니즘을 주장하는 사람들은 자연을 지배하려는 시도는 남성 중심적 가치관에서 비롯된다고 주장한다. 그들은 남성의 경제적 가치와 목적 지향적인 가치관으로 인해 자연 전체에서 주어지는 가치관이 도외시되었다고 비판한다. 그들은 과거 남성중심사회에서 비롯된 여성의 차별을 넘어 생태계에서의 다른 생명의 종차별까지 금지되어야 한다고 주장했다.

대표적으로 워렌(K. J. Warren)은 남성 중심적인 가치관에서 나오는 생각들을 비판하고 자연을 소중히 여기고 모든 생명을 평등하게 보려는 생태적 가치관을 주장했다. 그녀는 산 정상에 오르는 원정대를 빗대어 설명한다. 우리가 산 정상을 오르는 이유에 대해 잠시 생각해보자. 우리가 산을 오르는 목적이 무엇인가? 어떤 사람에게는 건강을 이유로 산행을 떠날 것이고, 또 어떤 사람들은 산 정상에 오르는 것 자체를 목표로 등산하는 이들도 있을 것이다. 그런데 후자의 경우, 그들은 단순히 산을 좋아서 오르는 것과는 다른 목적을 가진다. 산 정상에 오르기 위해 산행하는 것과 단지 산에 오르면서 공기를 마시고, 산의 여러 생명들을 관찰하면서 산을 좋아서 오르는 것과는 다르다.

워렌은 산 정상에 올라가는 목적에 있어서 산 정상에서 누가 산의 '주인'인가를 말하는 것이 아니라 산을 걱정해주는 산의 친구가 되어야 한다고 했다.[117] 원정대의 목표가 산 정상에 올라가서 자신의 깃발을 꽂는 순간, 산의 주인이 되고 싶은 욕망을 분출하려는 것과는 달리 우리가 산을 좋아하고 산속의 모든 생명체들과 친구가 되는 것이 중요하다고 했다. 그래서 그녀는 진정 산의 친구가 누구인지 묻는다.

또한 워렌은 과거 남성과 여성의 차별 그리고 이들의 대립구도를 비판했다. 그녀는 대립 구도를 넘어 상호보완적인 관계를 제시한다. 남녀의 관계, 둘 사이의 관계는 대립이나 위계의 구도가 아니라 상호보완적인 관계이다. 뿐만 아니라 사람과 자연 그리고 모든 생명체에서도 마찬가지이다. 우리는 지금까지 자연을 위계의 관계로 파악한다. 인간이 자연 위에 있다는 전통적 가치관에서 비롯된 여러 모습들이 오늘 우리의 현주소라고 말한다.

그녀는 우리들이 모든 생명의 가치를 동등한 수평의 구조로 바라보아야 한다고 했다. 곧 사회는 유전자 편집 기술로 인해 또 다른 유전자 분배의 차별 사회가 도래하게 될 것이다. 인간의 유전자를 공정하고 정의롭게 분배하면 좋겠지만, 실제로 이 사회는 또다시 우성 유전자를 선별하는 과정에서 새로운

117) Karen J. Warren, "The Power and the Promise of Ecological Feminism", *Ecological Feminist Philosophies*, ed. Karen J. Warren, Bloomington: Indiana UP, 1996, 179-188.

신분 사회를 경험하게 될 것이다. 앞으로는 새로운 신분사회 곧 유전자 계급사회가 도래하게 될 것이다.

인간 유전자를 선별하여 우수한 유전자를 가진 사람들이 그런 혜택을 받지 못한 사람을 지배하게 될 것이다. 계급사회라는 말은 정말 피하고 싶은 용어이다. 하지만 앞으로 생명계급사회가 올 수도 있다. 이미 많은 영화에서도 유전자 계급사회를 그리고 있다. 유전자로 차별받고 또다시 계급사회가 오고, 그럼 우리 사회는 소외되고 누군가의 보살핌이 필요한 시대를 그리워할지 모른다. 어쩌면 가장 원초적인 엄마의 위대한 사랑처럼 말이다.

* 엄마는 위대해!

케럴 길리건(Carol Gilligan)은 여성의 소통과 친밀감에 대해 관심을 보이기 시작했다. 길기건은 남성과 달리 여성은 인간관계와 친밀함을 무엇보다 소중히 여기는 존재임을 강하게 말하고 있다. 여성은 남성과 다르게 보살핌, 타자에 대한 배려와 사랑에 있어서 남성보다 가치를 다르게 한다고 했다.[118] 우리는 '엄마는 위대해'라는 말을 너무나 당연시 여긴다. 그렇다. 엄마는 위대했다. 세상의 모든 사람들은 엄마의 보살핌에서 자랐다. 아빠의 사랑을 결코 무시해서가 아니다.

창세기에 "(남자가) 얼굴에 땀이 흘러야 식물을 먹을 수 있

118) 캐럴 길리건/허란주 옮김, 『심리이론과 여성의 발달』, 철학과현실사, 1994, 38-46.

다."(창 3:19)고 말했다. 성경에서 남성의 역할이 무엇인지 제시했다. 그렇다고 남성과 여성의 역할이 분명히 구분되어야 할 것은 아니었다. 다만 남성의 역할이 남성의 관심사를 말해 주는 것과 어느 정도 관련이 있음을 알 수 있다.

남성은 경제구조에 흥미를 가진다. 모든 남성이 그렇다거나 모든 여성이 경제구조에 관심이 없다는 것이 아니다. 길리건이 보았을 때 남성이 경제적인 구조에 더욱 관심을 가지고 있고, 남성은 통제되는 체계에서 살아왔다고 했다. 이에 비해 여성은 양육과 보살핌에 더욱 많은 시간을 보내야 했고, 여성은 인간관계를 통해 자신이 타인과 관계를 맺고 규정지어 간다고 했다.[119]

길리건은 여성이 남성과는 다르게 친밀성을 유지하고 남성에서 발견되는 정의의 형식보다는 친밀함과 보살핌에서 시작되는 도덕적 성숙에 관심을 가진다고 했다.[120] 길리건은 남성에게서 옳고 그름의 방식이 도덕적 성숙의 기준이라면 여성은 배려와 나눔, 보살핌이 더욱 중요하다고 말한다.[121]

많은 남성이 계급사회에서 무언가를 자꾸 추구하려는 마음을 가지고 있다. 자연을 지배하려고 하는 마음, 상 정성에 올라 자신의 깃발을 꽂고 싶은 마음, 높은 정상에서 무엇을 얻었다는 마음을 찾으려 한다. 이런 마음에서 우리는 타자를 보

119) 위의 책, 37.

120) Stanley J. Grenz, *The Moral Quest: Foundations of Christian Ethics,* 227-228.

121) 캐롤 길리건, 『심리이론과 여성의 발달』, 308-309.

살피고 보호해주려는 여성의 따뜻함이 더욱 필요해 보인다.

* 만약 복제인간이 태어나면

만약에 복제인간이 태어나면 어떻게 할 것인가? 너무 앞서간 느낌이 들 수 있다. 그래서 '만약'이라는 말을 붙였지만, 인간의 상상은 '만약'을 '현실'로 만들 수 있는 가능성을 가지고 있다. 과거 날고 싶어 했던 인간은 마침내 하늘을 날았고, 저 하늘의 무수한 별이 궁금해서 마침내 태양계 바깥까지 인공위성을 띄었다. 인간의 상상이 때론 무한한 에너지를 가지고 있지만, 그들이 생명의 바벨탑을 쌓을 수도 있다는 것을 잊어서는 안 될 것이다.

구약성서에서 하나님이 바벨탑을 쌓는 인간에게 언어를 혼잡하게 만드셨다. 인간의 욕망은 순식간에 허물어졌다. 만약 하나님께서 생명의 바벨탑을 쌓는 인류에게 간섭하지 않으시면 어떻게 될까? 만약 인간의 욕심으로 복제인간이 태어나는 순간 우리는 어떻게 해야 할까?

복제아이가 태어나면 우리는 어떻게 다가가야 하는가? 물론 혐오스럽고 자연스럽지 못한 감정이 들 수도 있다. 하지만 이 문제는 생명과 직결되기 때문에 예민하게 받아들여야 한다. '만약'이라는 말을 다시 써본다. 만약 복제아이가 태어나면, 우리는 그 아이를 우리 공동체에서 거부해야 하는가? 복제기술로 태어난 아이가 미소를 짓고 있으면 우리는 어떤 선택을 해야 할까?

우리는 이제 복제시대를 준비해야 한다. 인간복제는 잘못된 것이다. 분명이 우리가 집고 넘어가야 한다. 복제인간 기술은 금지되어야 하고 마땅히 인류 역사에 있어서는 안 될 일이다. 생명공학자가 복제기술을 이용해서 인간을 복제하는 실험은 중단되어야 할 것이다. 그런데 만약 생명공학자가 실수나 호기심으로 복제인간을 만들었다면 우리는 어떻게 해야 할까? 우리가 사는 공동체는 복제인간을 실험한 생명공학자에게 우리가 던져야 할 비난을 넘어 복제기술로 태어난 아이를 어떻게 대해야 하는가? 엄마의 마음으로 복제아기를 생각해보자. 길리건이 말한 여성주의 입장을 주장하는 사람들이라면, 복제기술로 태어난 아이에게 어떻게 할까? 이제 마지막 질문을 예수님께 던져보고 싶다. 예수님께서 복제된 아이를 보고 계신다면 그 아이에게 어떻게 하셨을까?

Part 7.

추락하는 형이상학에 날개를

1. 신명령론과 인간의 무지

1) 첨단기술의 변증법: 다음 세대가 책임져야 하나?

생명의료 기술의 놀라운 발달로 전통적인 신학으로 문제를 해결하는 데 한계가 있다. 과거에는 의료기술로 생명을 연장하는 데 제한적이었지만 오늘날에는 연장하는 방법들이 하나 둘씩 늘어나고 있다. 이런 상황에서 새로운 방식의 생명윤리 접근방법이 필요하다.

또한 여러 응용기술이 발달되면서 윤리적 문제들도 다양한 양상으로 전개되고 있다. 앞에서 살펴본 것처럼 생명공학 기술로 인해 발생하는 윤리적 문제들은 유전자 편집 기술, 디자인 베이비, 인공지능들처럼 인간의 생명과 연결되는 실험 과정에서 발생한다.[122)]

오늘날 생명공학지들은 게놈 프로젝트를 실현했다. 과학자들이 인간의 유전자 지도를 완성했다고 해도 과언이 아닐 정도이다. 이 기술은 인간의 유전자 지도를 배열하고, 염색체의 위치를 섬세하게 밝히는 과정을 말한다.[123)] 지난 1996년 영국에서는 유전자공학 기술의 패러다임의 전환을 가져오는 실험

---

122) 최경희 · 조희형, "생명공학의 윤리적 특성에 대한 교육적 고찰", 『생명윤리』 2권, 한국생명윤리학회, 2001, 15.

123) 피터 싱어 · 헬카 커스/변순용 외 3인 옮김, 『생명윤리학 I』, 인간사랑, 2005, 421.

이 진행됐다. 이안 월머트 박사와 그의 연구팀들은 암컷 양에게서 체세포를 분리시켜 유전자가 동일한 새끼 양 돌리를 만들었다. 이후에도 생명공학 기술 연구는 전역에서 진행되었다. 중국에서는 연구자들이 복제 원숭이를 만들기까지 했다. 실험을 진행한 과학자들은 원숭이의 피부 세포에서 얻어낸 핵을 제거한 뒤, 다른 원숭이의 난자와 결합해 원숭이를 복제했다.[124] 배아줄기세포 복제기술을 넘어 이젠 유전자가 동일한 복제동물을 만들면서 새로운 윤리적 논의들이 필요하게 된 것이다.

크리스퍼 유전자 가위(CRISPR-Cas9)는 DNA의 이중가닥에서 질병의 유전자가 들어 있는 부분만을 별도로 절단할 수 있는 기술이다.[125] 영국에서는 지난 2015년 부모의 유전질환을 태어날 아이에게 그대로 물려주는 것을 방지하기 위해 법을 통과시켰다. 이 기술로 유전질환을 가진 아이는 다른 사람의 건강한 난자의 핵을 주입하는 방식으로 세 사람의 유전자를 가지고 태어났다.[126] 앞으로 과학자들은 유전자를 선별적으로 편집해서 질병의 유전자를 제거하는 것은 물론 우수한 유전자를 고를 수 있는 디자이너 베이비를 만들 수 있게 된 것이다. 과학자들은 자유자재로 유전자를 편집하여 아기를 만들 수 있

124) "복제양 돌리 22년… 中, 원숭이 복제 성공", 매일경제, 2018년 1월 25일자.

125) 전방욱, 『DNA 혁명 크리스퍼 유전자 가위』, 이상북스, 2017, 19-20.

126) "영국, '3인 DNA' 아기 허용 법안 통과", 경향신문, 2015년 2월 4일자.

는 신이 되어가고 있는 것이다.

한스 요나스는 『기술 의학 윤리*Technik, Medizin und Ethik*』에서 과학자들이 유전자 조작 기술을 사용하는 것에 대해 비판한다. 그는 현대기술의 쟁기는 오랫동안 사용하다보면, 무디어진 칼이 어느 순간 날카로워져서 인류에게 해를 끼칠 수 있다고 했다.[127] 그는 인류에게 축복이라 여기지는 기술이 양면성을 가지고 있다는 것이다. 그는 인류가 기술의 혜택을 지나치게 의존하면, 그 대가는 재앙으로 돌아올 수 있으니 기술의 이중성 또는 양면성을 우리가 경계해야 한다고 했다.[128] 그는 첨단기술의 변증법, 즉 의존한 만큼 편리하지만 다시 우리에게 독이 될 수 있는 이중적인 모습을 간과해서는 안 되며, 기술이 우리에게 축복일지 재앙일지는 숙고가 필요하다고 했다.

우리가 과학자들이 실험하는 생명공학 기술을 신중히 다뤄야 하는 이유는 그 기술이 공동체에 어떠한 영향을 미칠지를 예측하기 어렵기 때문이다. 지금 당장 우리는 그 기술의 결과들을 미리 알 수 없지만 오히려 그 결과의 책임이 다음 세대에게 전가될 가능성도 무시할 수 없다. GMO 식품을 예로 들면 GMO 식품의 안전성은 여전히 논쟁중이다. 지금 당장 그 식품을 먹었을 때, 인체에 유해성을 판단하지 못하더라도 만약 시간이 지나서 유해성이 나타날 경우 그 피해는 고스란히 다음 세대에게 전가되는 것이다. 바로 우리 다음 세대의 자녀

127) 한스 요나스, 『기술 의학 윤리』, 48-49.
128) 위의 책, 49.

들에게 고스란히 돌아갈 것이다. 그리고 우리가 그 기술의 책임을 현재 과학자들과 기술에 부과한다고 해서 달라지는 것은 무엇인가? 아마 남는 것은 피해자들의 호소뿐이지 않겠는가? 지금 실험실에 있는 과학자들은 어쩌면 다음 생애에 없을 수도 있다. 혹시라도 10~20년이 지나 GMO 기술의 유해성이 제시된다면, 다음 세대는 지금의 세대를 원망할 것이고, 그 기술의 결과에 직접적인 피해를 입을 것이다.

요나스는 생명공학시대에 나타날 책임의 지평을 넓혀나가야 한다고 했다. 그는 지금의 기술적 행위는 현존하는 세대와 시공간을 넘어 불확실한 미래에 대한 윤리적 책임을 필요로 해야 한다고 했다.[129] 우리가 불확실한 미래에 대한 부담을 줄이기 위해서는 기술의 양면성을 모두 검토해야 하는 것이다.

2) 생명공학시대의 신명론

* 너 자신을 알라

인류는 판도라의 상자를 열고나서 질병의 정복을 학수고대하고 있다. 우리의 기대만큼 과학기술이 많은 혜택을 주고 있는 것은 사실이다. 하지만 기술이 발전되면서 전통적인 신학과 철학적 방법에서 제시되었던 접근의 한계가 드러나기 시작했다.

129) 한스 요나스, 『책임의 원칙』, 38.

전통 윤리이론에서 윤리적 판단은 그 행위의 의도와는 달리 하나의 규칙에 따른다. 고대 그리스에서 발생된 윤리이론은 의무론(deontological theory)과 결과론(consequentialism)으로 나누어진다.130) 의무론은 전통적으로 기독교의 신명령론(Divine Command Theory)에서 시작되었다. 이후 근대에 접어들어 칸트의 정언명법까지 확대되었다. 신명령론은 올바른 행위는 신의 명령이 있었기 때문에 그 행위가 옳다고 말한다. 우리가 올바르게 살아야 할 이유가 바로 신이 그렇게 명령했기 때문이다.131) 예수가 "네 이웃을 내 몸과 같이 사랑하라."고 말한 것처럼, 우리는 예수의 가르침을 받은 제자도의 삶을 살기 때문에 당연히 예수의 말씀을 듣고 순종해야 한다. 신명령론은 전통적 방식을 취하는 연역적 추론 방식이다. 연역법은 전제에서 이미 결론을 도출하는 형식이다. 전제가 참일 경우 결론도 참이다. 연역적 방법에서는 이미 결론이 전제에 들어 있고 전제 이외의 어떤 정보들이 첨가되거나 덧붙여지지 않는다.132)

전통적 윤리 방법에서 다루었던 연역적 추론방식은 전제에 이미 옳음이 도출되어서 더 이상 새로운 과정과 검증이 필요없는 형식이다.133) 연역적 방법에서는 새로운 사실이나 가설

130) 조희영, 『과학윤리교육의 이론과 방법』, 집문당, 2008, 16.

131) James Rachels, The Elements of Moral Philosophy, McGrawHill, 2007, 55-56.

132) 조희영 외 3인, 『과학교육론』, 교육과학사, 2014, 108-110.

133) 위의 책, 109.

의 허용이 불가하다. 이 때문에 생명공학 기술처럼 미지의 영역을 개척하는 과정에서 나타나는 윤리적 문제들에 대해서는 하나님의 명령을 어떻게 잘 수행할지에 대한 윤리방법을 찾아야 할 것이다. 과거 윤리적 방법들이 '무조건 하나님의 명령'이라는 하달식 방법이었다면, 우리는 하나님의 명령을 간직하고 미지의 영역에서 나타날 여러 문제들이 어떻게 하나님의 뜻과 섭리에 부합되는지 다시 검토하는 논의들이 필요하다.

근대 이후 가설과 실험을 중시하는 경험론이 등장했다. 경험론은 귀납적 방법론을 사용한다. 연역적 방법과 다르게 귀납적 방법은 개별적인 사례들을 하나하나 검토한다. 구체적인 사례를 통해 하나의 원리, 보편적 법칙을 도출해낸다. 귀납법은 여러 경우의 수들을 관찰하고 실험하여 그것들 사이에서 일반적 법칙을 추론해낸다.[134]

귀납적 추론은 개별적이고 구체적인 사실이나 관찰로부터 하나의 사실을 만들어간다. 이 방법은 다양한 사례를 접할 수 있고 여러 생각들을 관찰할 수 있어서 연역적 방법과는 다르게 경험적이고 과학적이다.[135] 귀납적 추론은 실험과 관찰을 통한 과학적인 방법들을 거쳐 '사실'의 문제를 다루기 때문에 형이상학적 추론과는 다르다. 생명윤리의 방법은 과학적 사실을 바탕으로 윤리와 가치의 문제를 다루기 때문에 귀납적 방

134) 위의 책, 106-107.
135) 김은정(2018), "귀납적 추론과 연역적 추론 중심의 교수방법이 유아의 수학능력, 수학적 성향과 창의성에 미치는 영향", 「유아교육논집」, 제22권 제6호, 171.

법 또한 필요하다.[136]

우리가 또 기억할 것이 있다. 생명공학 기술은 지금 우리가 살고 있는 윤리적 문제를 넘어선다. 지금의 기술이 앞으로 경험할 수 없는 미지의 세계로 확장되기 때문에 윤리적 논의는 쉽지 않다. 앞서 언급한 것처럼 귀납적 방법은 과학적이다. 하지만 이 방법도 마찬가지로 경험이 가능한 범위 내에서만 해결이 가능하다. 생명공학 기술은 '지금'이 중요한 것이 아니라 다가올 '미지의 세계'를 더욱 중요하게 다룬다. 그렇기 때문에 자연스럽게 우리도 미지의 영역에서 미래를 내다보는 윤리적 논의들이 필요하다. 그렇다면 하나님의 명령을 지켜나가고 동시에 귀납적 방법을 수용하면 가능하지 않을까? 우리가 기존의 신명령론에 대해 다시금 '신의 뜻이 어디에 있는가?'를 신학적으로 논의하면 가능하지 않을까?

* 변함없는 신의 명령 '너 자신을 알라!'

가설연역적 방법은 전제 속에 참 또는 거짓을 미리 설정하기보다 '무엇이 참인지, 무엇이 신의 명령이고 뜻인지'를 다시 실험을 통해 확인하는 것이다. 전제에 이미 참이 들어 있어서 가설이나 실험을 거부할 것이 아니라 다시 실험이나 검증을 통해 연역적 방법을 재확인하는 것이 필요하다. 만약 이미 밝힌 명제가 사실일 경우, 가설은 다시 연역적 방법으로 진리를

136) 김명식 엮음, 『연구윤리와 학습윤리』, 연암서가, 2013, 92.

도출한다. 하지만 그 과정에서 새로운 과학기술의 발달로 거짓이나 다른 결론을 도출해야 할 경우, 처음 단계에서 다시 시작하여 수정이 가능하다. 이처럼 연역적 토대 안에서 새롭게 검증하고 객관적으로 실재를 파악할 수 있을 것이다.

만약 인적이 드문 아마존에서 빨강색 개나리가 누군가에 의해 발견될 경우 '모든 개나리는 노랗다'의 가설이 수정되어야 한다. 먼저 정해놓은 가설, 즉 모든 개나리가 노란색이라는 항에 포함되지 않는 새로운 지식 또는 사실이 추가로 발견되면 기존의 가설은 수정이 불가피하다. 이에 기존의 가설에서 수정이 불가피하다.

가설연역법은 기존의 가설을 설정하고 이를 사실로 간주하되, 새로운 사실이 발견되면 또다시 가설을 설정할 수 있는 수정 가능한 방법이다. 가설연역법은 언제나 새로운 사실에 대해 개방되어 있고, 동시에 연역적 방법으로 해석된 사실도 동시에 수용하면서 늘 새로운 사실에 대해 재해석이 가능한 방법이다. 그렇다고 신의 뜻이나 섭리가 달라지는 것은 아니다. 우리가 신의 뜻을 다시금 확인하고 그 뜻을 잘 분별하는 것이다. 가설연역법에서 관찰자 또는 실험자는 여러 실험을 통해 신의 섭리와 뜻을 재확인하는 과정을 거친다. 신의 뜻은 불가항력적으로 변함이 없다. 하지만 그 신의 뜻을 알기 위한 우리의 무지는 늘 수정이 가능하다. 인간의 노력은 신의 뜻을 잘 알기 위해 필요한 것이다. 인간의 노력은 신의 영역을 침범하거나 뛰어 넘기 위해 필요한 것이 아니라, 신의 영역에서 일어나는 현상들을 파악하고 알기 위한 수단이다.

지난 과거 우리는 신의 섭리와 뜻을 알기 위해 무지 노력했다. 하지만 인간은 신의 영역을 헤아릴 수 없는 한계를 가지고 있다. 그 누구도 신의 뜻이나 명령을 분간해낼 능력이 없다. 다만 우리는 신의 뜻을 알기 위해 무지함을 깨닫고 노력해야 하는 것밖에는 없다. 델포이의 아폴로 신전의 프로나오스 앞마당에 새겨진, “너 자신을 알라(γνῶθι σεαυτόν)”는 어쩌면 우리에게 이렇게 말하고 있는지 모르겠다. ‘우리의 무지로는 신의 뜻을 알지 못한다’라고.

유전자를 편집하고 조작하는 일들이 벌어지지만, 하나님의 섭리와 뜻은 우리가 변함없이 지켜나가야 한다. 하나님의 뜻과 섭리는 유전공학 기술을 반대하고 찬성하는 의미로 해석하기보다 ‘어떤 방식의 치료와 기술이 하나님의 나라에 부합되는지’를 살펴보아야 할 것이다. 우리는 지금 어느 시대 때보다 신의 섭리와 뜻을 분간하는 데 성경적 입장을 고수해야 할 때이다. 과학기술의 맹신 그리고 그 기술의 편리함이 우리의 가치관을 압도할지언정, 우리가 지켜나가야 하는 것은 하나님의 계획이 어디 있는지에 대한 성찰이 가장 우선시되어야 할 것이다.

생명공학시대에 엄청난 일들이 벌어지고 있다. 우리는 지금 과거에 상상치 못한 새로운 과학기술의 폭풍우에 맞닥뜨리고 있다. 하지만 우리가 기억할 것이 있다. 바로 신의 명령과 뜻은 변함이 없다. 우리가 신의 뜻을 인위적으로 해석해서도 안

되고 끼워 맞춰서도 안 된다. 다만 앞으로 전개될 기술의 영역이 다양하게 확장되면서 우리가 기존에 볼 수 없었던 새로운 사실과 접촉할 때 기존의 가설은 한계에 봉착하게 될 것이다. 그렇기 때문에 실험자는 새로운 가설 설정의 가능성을 항상 열어두어야 한다.

과학기술의 힘은 세상을 너무나 많이 바꾸고 있다. 하지만 신의 섭리와 뜻은 변함이 없다. 앞으로 우리에게 닥칠 기술의 위험성 그리고 예측할 수 없는 불가능성을 가진 생명공학 기술에 대해 모든 가능성을 열어두고, 인간의 무지를 깨닫고 신의 섭리와 뜻을 분간하기 위해 우리는 계속 노력해야 할 것이다. 하나님은 지금도 우리에게 말하고 있다. 기술의 이중적 잣대, 그 사이에서 우리의 결정이 어디로 향해야 할지를.

2. 메멘토 모리, 추락하는 형이상학의 날개

* 추락하는 형이상학에 날개는 없다

근대 이후 과학의 발달과 귀납적 방법의 등장으로 기존의 전통 형이상학이 무너지고 그 자리를 대신해서 실증 학문들이 자리 잡았다. 또한 인간 이해에 관한 생물학적 환원주의가 등장하면서 형이상학적 인간 실존에 대한 위기도 찾아왔다. 근대를 지나 새로운 과학기술이 지속되면서 그 기술의 발전 속도와 형이상학적 붕괴는 비례하고 있는지 모르겠다.

과학만능주의가 우리의 가치관을 점령한 후 전통 형이상학은 붕괴 일로를 맞이했다. 생명복제 및 유전자 편집 기술의 등장으로 더 이상 형이상학은 그 가치를 인정받지 못하게 되었다. 일부 학자들에 따르면 과학의 발달로 형이상학은 이미 붕괴되었고 다시 회복할 갈 가능성이 없다고 말한다.

실제로 우리 삶에는 검증 가능한 과학기술이 주는 유용함으로 형이상학적 가치가 진부하게 느껴지는 것은 사실이다. 그렇다면 생명공학시대에 접어들어 형이상학적이고 추상적인 인간 이해는 더 이상 우리에게 의미가 없는 것인가? 더 이상 형이상학의 추락에 날개가 없는 것인가?

'메멘토(Memento)'라는 말을 한번쯤 들어봤을 것이다. 이 단어는 오랜 추억들을 되새기는 '기억하라'의 뜻을 가진다. 메멘토 모리(Memento mori), 즉 '죽음을 기억해라'는 뜻이다. 과거 우리는 전통 형이상학적 가치에서 향수를 찾았다. 진리를 찾고 영원히 보이지 않는 것을 추구하는 것, 존재하는데 오감으로 만질 수 없는 존재, 이런 형이상학적 가치들로 우리들은 사유의 흔적을 남겼다.

하지만 과학이 발달하고 세포학과 유전공학 기술의 발달로 인간 존재마저도 생물학적 환원이 불가피해졌다. 생명공학시대에 전통적 가치관, 즉 형이상적 인간 이해는 어쩌면 오랜 추억으로 남아 있을 뿐이었다. 형이상학의 죽음은 무엇을 의미하는가? 그렇다면 우리는 왜 다시 형이상학으로 돌아가야 하는가? 우리는 형이상학을 다시 소환해야 하지 않을까?

하버마스는 "유전학에 대한 인간의 개입이 미정성의 존재인 인간에게 지대한 영향을 끼친다고 보았다. 그는 아직 태어나지 않는 인간 실존에 대해 유전학적 개입은 세대 간의 차별을 야기할 수 있다."[137]고 말했다. 그는 인간 존재에 대한 형이상학적 본질과 가치를 인정하면서 무엇보다 인간 삶의 미정성에 대해 과학기술 개입을 극도로 경계한다. 그는 '탈형이상학적 형이상학'을 우리에게 제시하고 구축된 과학과 이성적 사고가 지배하는 시대에 다시 형이상학의 복귀(회귀)를 요청했다.[138]

인간 존엄성은 과학적으로 입증할 수는 없지만 여전히 인간 실존에 미치는 함의는 클 수밖에 없다. 비록 우리가 인간 존엄성을 얻는 과정을 직접 눈으로 목격할 수는 없다. 하지만 하버마스는 우리가 살아가는 공동체에서 보편적으로 얻어지는 인간 존엄성, 즉 공동체가 지향하는 동시에 선험적으로 얻어지는 존엄성을 지속적으로 지켜나가야만 한다고 했다. 우리는 '인간은 존엄한 존재'라고 하는 명제를 언급할 때는 어느 하나의 호모 사피엔스 조건을 충족시켰을 때 획득되거나 어떤 가치를 통해 얻어지는 것이 아니라 이미 내재적으로 얻어지는 것이라고 믿고 있다.[139]

137) 위르겐 하버마스, 『인간이란 자연의 미래』, 112-113.
138) 위르겐 하버마스/이진우 옮김, 『탈형이상학적 사유』, 문예출판사, 2000, 45-57.
139) 위의 책, 45-57.

* 메멘토 모리, 죽음을 기억하라

많은 사람들이 형이상학의 시대는 지나갔다고 말한다. 그럼에도 불구하고 여전히 탈형이상학 시대가 지배하는 작금의 시대에 형이상학의 가치는 우리 사회에서 유효하다. 인간의 삶과 내적 가치는 우리가 살아가는 공동체의 토대를 이룬다. 형이상학의 소환, 죽어가는 형이상학의 기억, 메멘토 모리, 아니 '메멘토 메타피직스(Memento Metaphysics)', '형이상학을 기억하라'. 우리는 다시 형이상학의 죽음을 되살려야 할 책임을 가지고 있다.

우리는 꺼져가는 형이상학을 다시 소환해야 한다. 하나님의 실존 또한 형이상적 해석에서 비롯된다. 어쩌면 형이상학의 죽음이 더 이상 신의 존재를 설명할 수 있는 방법을 잃어버리는 것과 연관되는 것은 아닌가? 형이상학이 사라지면 우리는 신의 존재를 완벽하게 설명할 수 있을지에 대해서도 고민이 필요하다. 하나님의 존재를 인정하고 이해하는 과정에서 우리의 신앙과 신념도 중요하고, 형이상학적 해석도 필요하다.

형이상학적 가치는 인간의 실존에서도 지대한 영향을 미친다. 인간은 죽음을 피할 수 없는 존재이다. 죽음은 또 다른 형이상학적 실존으로 연결되는 다리이다. 인간의 죽음은 생물학적 죽음에 제한된 것이 아니라 또 다른 실존, 즉 죽음 이후의 실존과도 연결된다. 하지만 생물학적 유한성을 추구하는 신체증강은 죽음을 더 이상 기억하지 못하게 만들고 있다.

우리는 죽음이라는 실존을 생물학적 삶의 종착역으로만 간주하지 않을 것이다. 어쩌면 우리는 마지막 정거장에서 또 다른 열차를 환승하기 위해 달려가는 존재들인 것이다. '죽음을 기억하라', 메멘토 모리는 어쩌면 죽음이 극복되는 시대에 '우리에게 죽음의 실존이 가져다주는 형이상학적 가치를 기억하라'는 말로 해석해야 하지 않을까?

2016년 7월 한국에서도 그동안 제재로 묶여 있던 체세포 복제 연구가 7년 만에 재개되었다. 보건복지부는 지난 2016년 7월 11일 차의과대학 연구팀이 제출한 신청서를 일부 수락하고 체세포 복제 배아연구 계획을 조건부로 승인했다. 차병원은 지난 2009년 체세포 복제 연구 승인을 받은 후 7년이 지난 후 다시 연구 승인을 받았다. 이번 승인받은 연구는 오는 2020년 12월까지 제한적으로 허용된다.140) 이번에 승인이 난 연구 기술은 1996년 복제양 돌리를 만들 때 사용된 체세포 복제기술이다.141) 복제 양 돌리는 정자와 난자 세포를 이용한 생식세포 복제 방식이 아닌 체세포 복제 방식인데, 이번 승인된 복제기술은 일종의 무성생식142)을 이용한 방식이다.

하나님은 자연 생태계의 모든 생명체는 유성생식을 통해 생명을 잉태하게 했다. 유성생식은 암수의 교합을 통해 생명을 잉태하게 하는 것이다. 유성생식은 하나님의 섭리 가운데 발

---

140) "체세포 복제 줄기세포 연구, 7년 만에 다시 길 열렸다", 중앙일보, 2016년 7월 12일자.

141) 안종주, 『인간복제, 그 빛과 그림자』, 30-31.

142) Robert M. Veatch, *The Basic of Bioethics*, 78.

생되는 형이상학적 가치와도 연결된다. 남녀가 만나 하나가 되어 한 생명을 잉태하는 과정은 신비스럽기도 하고 과학적인 메커니즘이 동시에 작동된다. 서로 다른 성(性)이 하나가 되는 과정은 자연적인 동시에 신비 그 자체의 영역이었다. 유성생식은 하나님의 창조 질서에서 결정된 생식의 방법이었다. 마찬가지로 암수가 만나 모든 생명이 짝을 이루어 새로운 생명을 잉태하는 것 또한 신비의 영역이자 과학의 원리였다.

그러나 오늘날 복제기술은 유성생식과 달리 무성생식, 곧 정자와 난자 세포의 결합 없이 생명을 잉태케 하는 것을 가능하게 했다. 이 기술은 전통적 가치관과 충돌을 일으킨다. 무성생식 기술은 비자연스러운 방법에 그치는 것이 아니라 무성생식이 자연스런 유성생식과 많이 다르다는 것이다.

생식세포에서 생명체는 서로 다른 성이 결합했을 때만 새로운 생명이 잉태된다. 그러나 체세포 기술의 수정 방식은 두 세포, 곧 정자 세포와 난자 세포의 결합 또는 서로 다른 성의 결합 없이도 얼마든지 생식세포를 만들 수 있다. 인공수정 기술과는 다르게 체세포 복제기술은 전통적 형식과 너무 다르다.

기존 인공수정 기술은 유성생식 기술이다. 이 기술은 정자와 난자의 결합으로 새로운 생명을 잉태한다. 하지만 체세포 복제기술은 정자 없이도 세포에 전기를 자극시켜 생식 기능을 가진 세포를 만드는 기술이다. 이 기술은 인공수정에서 시행되는 기술행위와는 너무 다르다. 이처럼 복제기술의 확장은 전혀 낯선 경험을 인류에게 선사하고 있다. 복제기술의 확장은 새로운 생식의 패러다임을 가져오고 있다.

인간의 출생을 비롯해서 모든 생명체의 탄생은 두 개의 서로 다른 세포, 즉 암컷과 수컷, 정자와 난자 세포가 만날 때만 가능했다. 이러한 것들은 인위적인 결정이나 문화 및 전통에 의해 제작되는 형태가 아니라 지극히 자연스런 과정이었다. 자연스러운 과정은 인간의 계획에 의한 것이 아닌 우연에 의한 발생이다.[143] 이러한 것들은 자연에서 우연히 우리에게 다가온 신비의 영역이었다.

특히 자연의 영역에서 생명은 또 다른 소명을 수반한다. 한 생명을 잉태하기 위해 두 세포(정자와 난자)는 첫 만남을 이룬지 얼마 되지 않아 죽게 된다. 알을 낳기 위해 거센 강물을 거슬러 오르는 연어는 자연의 섭리를 말해준다. 자신의 희생은 또 다른 생명을 잉태한다.[144] 자연의 모든 섭리는 태어나 죽으면서 또 다른 생명체에 죽음의 연장선상에서 생물학적 종을 보존한다. 죽음은 단순한 생(生)의 단절이 아닌 다음 세대를 이어가는 또 다른 생의 연속이다. 생의 연속, 이 얼마나 신비스런 영역인가? 하나님의 섭리는 인간의 기획으로 설명할 수 없는 추상적 세계와 현실 세계의 연속이다.

---

143) Leon Kass, "The Wisdom of Repugnance", 23-24.
144) 위의 책, 25-26.

3. 갓난아이의 울음과 숨소리

요나스는 '갓난아이의 숨소리와 울음'에 비유하면서 타자의 윤리를 요청했다. 그는 아이의 작은 울음소리는 세상이 자신을 주목해 달라는 세상을 향한 외침과 우리의 당위성이 포함되어 있다고 했다. 힘없는 아이, 어른의 보살핌이 없이는 생존 불가능한 아이의 울음에 세상과 우리는 응답해야 하는 동시에 우리 사이에서 자발적으로 아이를 보살피는 책임이 발생하는 것이다. 요나스는 이러한 행위를 우리가 살아가는 공동체 책임의 시발점으로 보았다.145)

아이의 울음소리는 스스로 생겨나는 '발생학적 책임'으로 간주한다. 이는 우리가 스스로 도맡아야 하는 전체 구성원의 책임이다. 스스로 의도하지 않고 생겨나는 책임, 즉 발생학적 책임에 응답하는 공동체 구성원은 아이의 울음소리를 듣는 즉시 우리가 아이를 어떻게 돌보고 보살펴야 할지 논의해야 한다. 성숙한 공동체는 어쩌면 아이가 무럭무럭 자라는 날까지 지켜보는 보편적인 사랑의 윤리에 응답해야 하지 않을까?

성서에서도 '돌봄'의 실천윤리는 여러 번 나온다. 유대 풍습에 따르면 간음한 여인은 군중이 던지는 돌을 감수해야 했다 (요 8: 3-5). 하지만 예수는 모여든 군중에게 말했다. 누구든지

---

145) 이은선, "한스 요나스의 책임의 원리", 『신학사상』 Vol.73(1991), 461.

사람 앞에서 죄 없는 자가 돌로 치라. 예수는 그 여인의 진정한 삶을 재평가했는지 모른다. 혹시 여인의 남편이 지나치게 폭력을 행사했거나 학대했는지는 아무도 모른다. 우리는 그 과정을 무시하고 간음한 여인을 돌로 치는 율법에 얽매여 여인을 당시의 잣대로 평가했다. 예수는 여인의 잘못을 따지기에 앞서 그녀의 삶 자체를 긍휼히 여겼다.

성경은 돌봄의 윤리를 우리에게 제시한다. 성경에 나타난 착한 사마리아인의 이야기가 적절한 비유이다. 한 사람이 예루살렘을 거쳐 여리고로 지나가다 강도를 만나 길에 쓰러져 있었다. 당시 율법에 정통하고 잘 지킨다는 레위인은 이 모습을 보고 그냥 지나갔다. 하지만 유대인에게 멸시받는 사마리아인은 쓰러져 있는 행인을 돌보아주었다. 이 상황에서 어느 누구도 법적인 책임은 없다. 다만 사마리아인은 쓰러진 행인에게 인류애를 실천했다.

예수는 율법과 옳고 그름의 원칙 그리고 하나님의 계명을 강조하기보다는 '네 이웃을 사랑하라'는 가장 첫째 되는 계명을 우리에게 가르쳤다. 예수는 율법보다 돌봄과 사랑을 우선시했다. 예수는 사람들에게 옳고 그름을 가르치기보다 이웃의 아픔을 먼저 살피고 돌보아줄 것을 권면했다. 예수는 자신을 "내가 율법이나 예언서를 폐하러 온 것이 아니라 율법을 완성하러 온 것(마 5:17)"이라고 했던 이유도 바로 이 때문이었다.

예수의 가르침에는 사랑과 통합의 실천이 녹아 있다. 그는 '포괄적 사랑'을 통해 이웃의 범주를 인간에게만 한정하지 않고 자연까지 확장시키고 율법적인 잣대가 아닌 사랑의 윤리를 인류에게 제시했다. 예수는 악인과 선인 모두에게 해를 비추고 의로운 자와 불의한 자 모두에게 비를 내리는 하나님의 포괄적인 사랑을 제시했다. 그는 이웃 사랑을 어느 특정한 공동체에 제한하거나 귀속시키지 않고 이방인을 포함한 공동체 전체로 확장시켰다.[146)]

예수 그리스도의 생애는 돌봄 자체였다. 그는 가난한 자들의 상처를 싸매고 배고픈 자들과 함께 식탁 공동체를 만들었다. 예수는 아픈 백성에게까지는 윤리적 잣대를 대지 않았다. 오히려 예수는 자신을 따르던 백성이 실수를 했을 때 옳고 그름의 방식, 그러한 윤리적 잣대를 제시하기보다 그들을 감싸주었다.

예수는 간음한 여인에게 다가가 누구든 죄 없는 사람이 나와서 돌을 던지라고 했을 때 아무도 나오지 못하는 모습을 보고 자신도 그녀를 정죄하지 않았다. 오히려 예수는 죄인을 정죄하기보다는 구약의 선지자처럼 당시 종교지도자와 율법주의자들을 비판했다. 예수는 그들의 원칙주의를 비판하고 무원칙적 관용을 백성에게 베풀었다. 예수는 옳고 그름을 따지는 율법주의자가 아닌 공동체의 사랑과 돌봄을 실천한 에코페미니스트였다. 예수가 우리에게 제시한 실천은 과학만능시대에 더욱 필요해 보인다.

끝으로 생명공학 기술은 재능의 다양성을 획일화시키고 있

---

146) 맹용길, 『예수의 윤리』, 살림출판사, 2008, 139-140.

다. 달란트 비유(마 25:14~30)는 각자의 재능에 따른 다양성을 인정하는 모습을 보여주고 있다. 어떤 주인이 잠시 타국에 가 있는 동안 종들에게 주인은 각각의 재능대로 자기 소유의 5달란트, 2달란트, 1달란트를 주었다. 주인이 돌아와 종들의 안부를 물었다. 5달란트를 받은 자는 장사를 해서 5달란트를 남기고, 2달란트를 받은 자도 그와 같은 방법으로 2달란트를 남겼다. 하지만 1달란트를 받은 자는 땅을 파서 돈을 감추고는 주인의 것을 가지고 있다고 했다. 이에 주인은 각각의 달란트를 남긴 종들에게는 착하고 충성된 종이라고 칭찬했지만, 1달란트를 간직한 종에게는 꾸짖었다.

* 달란트, 서로 다른 재능에 따라

예수의 비유에서 우리가 기억할 것은 주인이 종들에게 동일한 달란트를 준 것이 아니라, 각자 '능력에 따라(according to his ability)' 다른 달란트를 주었다는 점과 각자 달란트를 남겼을 때 자신의 재능만큼이나 남긴 자들에게 충성된 종이라고 했다는 점이다. 달란트 비유에서 주인은 종의 각자 다른 재능을 인정하고 각각의 종들에게 동일하게 5달란트를 준 것이 아니었다. 서로 다른 재능을 인정하고 각자 맡은 달란트에 얼마나 충성하는지를 보았다.

그리고 그들이 장사를 해서 주인에게 달란트를 다시 돌려줄 때, 받은 만큼의 달란트를 남겼을 때 주인은 종에게 착하고 충성된 종이라고 했다. 2달란트를 받은 종은 단지 2달란트를 남긴 것에 대해 충성한 것이라고 칭찬했다. 우리의 재능(달란트)은 각각 다르다. 어느 누구도 재능이 획일화될 수 없고 다양한 삶에서 각자의 재능을 발휘하는 삶이 건강한 공동체이다. 각자 맡은 재능을 사회에서 발휘할 때 사회는 서로의 재능을 공유하게 된다. 하지만 생명공학시대 재능을 획일화시키고 사회적 기준으로 좋은 재능을 가진 유전자만을 선별하는 것은 이 사회구조를 획일화시키는 게 눈에 선하다. 모두가 의학을 가르치거나 모두에게 철학만을 가르친다면 이 사회는 모두 의사와 철학자만 배출될 것이 아닌가? 그럼 어느 누가 교육을 하고 누가 가축과 들의 곡식을 돌보겠는가?

* 공유지의 비극과 공진화

생태신학은 자연과 인간 사이의 관계를 분리시키기보다는 자연과 인간 모두 하나님의 피조물임을 인정하고, 자연 안에서 하나님의 임재를 경험하는 것을 다룬다. 생태신학은 자연 안에서 하나님 창조 사역이 지속적으로 이루어지는 것을 주장한다. 이와 함께 생태의 가치를 인정하는 생태영성은 우리의 편중된 이기심을 비판하고, 자연을 지배하려는 인간의 욕심을 비판한다. 자연은 살아 움직이고 있다. 우리는 자연 안에서 하나님의 호흡에 숨죽여 귀를 기울여야 한다.[147] 기독교생태공

147) 김도훈, 『생태신학과 생태영성』, 장로회신학대학교, 2009, 269-271.

동체에서 우리는 자연의 삶을 경험하고 자연과 함께 하나님의 임재를 느끼는 경건을 실천해야 한다.

그럼 경건의 실천을 위해 우리는 무엇을 해야 할까? 생태계의 보존을 위해 인류는 '공진화(共進化)'를 배워나가야 한다. 가렛 하딘(Garrett Hardin)은 '공유지의 비극'에서 제한된 자연 안에서 인간의 무한한 욕심으로 유한한 자원을 탕진해버리는 모습을 보여주고 있다. 공유지의 비극은 무엇인가? 공동체 구성원들은 공유지를 가지고 있었다. 우리의 것이지만 누구의 것이 아닌 말 그대로 우리 모두의 소유인 공유지를 바라보는 사람들의 시각은 달랐다. 이 공유지를 사용하는 사람들은 자신의 수입이 극대화되기를 원했다. 이들은 공유지에서 가축 한 마리를 더 키우게 되면 수입이 그만큼 늘어나기 때문에 가축 한 마리를 더 키우기를 바랐다. 대신 가축 한 마리가 늘어날 때 목초지는 그 먹이의 양만큼이나 소비되고 말 것이다. 가축 한 마리를 키워 발생되는 소득은 가축의 주인에게 돌아갈 것이다. 그러나 가축 한 마리가 소비하는 목초지 양의 손실은 공동체 구성원 모두와 공유해야 한다. 내가 얻는 소득은 가축 한 마리의 수입이다. 하지만 우리 모두가 떠맡아야 할 손실은 전체 공유지의 손실인 것이다. 그런데도 사람들은 그것을 기억하지 못했다. 그들은 가축을 한 마리씩 점점 늘려서 사육했다. 하지만 우리가 기억해야 할 사실이 있다. 자신의 이익만을 고려할 경우 나머지 다른 사람들의 이익에 손실을 가져온다. 내가 기르는 가축 수가 증가하면서 공유지의 목초지

가 부족해져 결국 구성원들이 기르는 모든 가축은 떼죽음을 당하는 것이다.148)

자연 안에 있는 한정된 자원에도 불구하고 인류는 지나친 이익만을 추구했다. 당연히 그 피해는 고스란히 우리 모두에게 되돌아오고 말았다. 자연의 수용 능력에는 분명 한계가 있다. 하지만 우리는 수용능력의 한계를 알고도 모른 척했다. 인간은 자연 개발을 명분으로 땅을 인간의 편리함에만 맞추었다. 그 땅은 결국 저주의 땅으로 변하고 있었다.149) 우리는 다른 생명체에게 생존을 제공하기 위해서 충분한 생태 공간을 허락해주어야 한다. 우리가 아닌 다른 모든 생태 구성원에게도 살아갈 수 있는 생존의 터전을 보장해주어야 한다. 그동안 우리는 아무런 제약 없이 물과 공기를 사용해 왔다. 오늘 우리가 프리와이파이(free wifi)를 즐겨 사용하는 것처럼 아무런 재제 없이 무료로 사용했던 물과 공기, 하늘과 빛, 바다의 양식 등 많은 것들에 대해 우리는 감사를 잊고 있었다. 너무 당연하다는 듯이 우리는 그것을 마음대로 이용했다.

과학자는 비록 적은 개체수라도 그것이 사라지면 지구 생태계의 종말을 가져올 수 있다고 말한다. 대표적인 생명체가 꿀벌이다. 꿀벌이 사라지면 자연 상태에서 꽃가루 수정이 불가능해진다. 이것이 오랫동안 지속되면 결국 식물의 생식이 불

---

148) Garrett Hardin, "The Tragedy of the Commons", *Science* 162(1968), 1243-1245.

149) 장도론, 『예수 중심의 생태신학』, 대한기독교서회, 2002, 236-237.

가능해지므로 우리는 식량 부족에 몸부림쳐야 할 것이다. 아인슈타인도 "지구 생태계에서 꿀벌이 사라지면 4년 내 지구의 멸망을 초래할 수 있다."고 했다.[150] 따라서 우리는 작은 생명의 가치 하나하나를 무시해서는 안 된다. 그 생명의 가치는 하나님이 인정한 것들이다. 우리는 하나님 창조세계의 위대성과 다양성을 인식해야 할 것이다.

하나님은 지금 이 순간에도 자신이 만든 생태계가 파괴되는 모습을 보고 침묵하고 계신다. 그분의 침묵은 무엇을 말하는가? 하나님은 유전자 조작으로 자연의 다양한 종들이 하나씩 사라져가는 것을 보고 탄식하고 있다. 우리는 지금 하나님의 소리 없는 절규를 들어야 한다. 인간은 자연의 주인인 하나님으로부터 생태계를 빼앗았다. 하나님은 말없이 인간의 행위를 지켜보고 있다. 하나님의 침묵이 인간의 행위에 대한 동의라고 생각하는가? 하나님의 침묵은 우리의 이기적 모습에 대한 동의가 아니다. 그런데도 인류는 생태계를 파괴하고 유전자를 조작하는 자연에 반하는 행동을 지속하고 있다. 앞으로도 하나님의 침묵이 계속 이어질 것이다. 소리 없는 침묵이 인류의 파괴를 의미하지는 않기에 하나님의 침묵이 두렵다. 하나님의 침묵이 깨지는 순간 우리는 대답할 시간을 놓칠지 모른다. 더 늦기 전에 우리는 하나님의 침묵에 대답해야 할 것이다.

---

150) "너 없으면 4년 내 멸망, 꿀벌아 지구를 지켜줘", 동아일보 2015년 5월 9일자.

Part 8.

포스트휴먼,

인간을 말하다

1. 기계의 신과 인공지능

1) 제4차 산업혁명과 인공지능

* 증기기차, 영화 속 추억으로

인류는 수많은 발전과 거듭된 진보를 겪으면서 결국 인공지능시대와 생명공학의 놀라운 기술의 꽃을 피우게 되었다. 요즘 인공지능 시대와 관련해서 많은 이슈들이 제기되고 있다. 세계적으로 연구소와 대학들이 인공지능 연구를 활발하게 진행하면서 이와 관련된 윤리적 논의들도 속속히 드러나고 있다.

인공지능시대에 이르기까지 인류는 그 동안 많은 격동의 장면들을 연출했다. 그 가운데서도 가장 먼저 기억되는 장면은 증기기관에서 나오는 수증기가 아닐까? 18세기 영국에서 시작된 산업혁명은 새로운 제조 공정의 도입으로 경제, 사회 등의 놀라운 변화를 가져왔다. 산업혁명이 시작되기 전, 사람들은 농업과 수공업으로 생계를 이어나갔다. 손으로 생산물을 직접 조작하다보니 시간이 그만큼 많이 소요되고, 결과도 노력에 비해 저조했다.

산업혁명은 우리의 일상을 엄청나게 바꿨다. 산업혁명 하면 우리의 뇌리에 가장 스치는 것은 무엇인가? 영화에서 자주 등장하는 장면으로 증기기관차의 '칙칙폭폭' 소리일 것이다. 현대인은 증기기관차를 두 번 다시 볼 수 없지만 뜨거운 수증기가 배출되면서 울리는 기적소리는 우리를 추억 속으로 빠져들게 한다. 이러한 증기기관이 등장하면서 운송수단이 마차에서 대형 수송열차로 변했다. 사람들은 기계를 이용해서 기존의 생산력도 높이고, 먼 거리까지 빠른 시간 안에 운송할 수 있어서 그만큼 수요도 증가했다.

이후 제2차 산업혁명 때는 증기기관을 이용했던 물과 석탄은 석유와 전기에게 그 자리를 내주었다. 기존 기계의 동력원이었던 석탄은 전기와 석유에게 밀리면서 공장의 기계 돌아가는 소리는 놀라운 속도로 빨라졌다. 전기와 석유 에너지는 물 에너지와 석탄과 비교할 수 없을 정도로 획기적인 동력원이었다. 이 기술로 사람들은 제1차 산업에서 얻은 생산품을 대량으로 가공할 수 있게 되었다. 기계소리만큼이나 일하는 사람들의 손도 빨라지고 그들의 호주머니도 두둑이 채워질 수 있었다.

이 시기에 자동차도 등장했는데 우리가 알고 있는 미국의 포드자동차가 첫 삽을 떴다. 자동차의 발달로 사람들의 운송수단이 바뀌고 그만큼 삶의 여유도 자리를 잡아가고 있었다. 사람들은 전기를 이용하면서 라디오와 축음기 같은 발명품을 이용하기 시작했다. 제1차 산업혁명 이후, 새로운 동력원을 발견한 기업들은 과학기술 연구에도 매진했다. 제2차 산업혁명 시기에는 전기와 수도 사업이 활기를 띠었고, 운수 및 금융과 보험 그리고 서비스업이 늘어나기 시작했다. 사람들의 호주머니 사정이 나아지면서 금융과 자산을 운용하는 기업이 우후죽순으로 늘어나기 시작했다. 은행이 업무를 개시하면서 사람들은 저축과 보험 상품에 관심을 보이고 삶의 여유가 생기기 시작했다.

* 서울 지하철 노란색 승차권

제3차 산업혁명이 시작되자 기계와 자동차 등의 운송수단, 공장의 대량생산 등으로 사회를 주도했던 방식이 컴퓨터와 인터넷으로 자동화 시스템으로 바뀌기 시작했다. 우리는 제3차 산업혁명의 변화에 놀라움을 감추지 못했다. 조그마한 PC 모니터에서 전 세계의 모습을 생생하게 볼 수 있는 인터넷의 발달은 모든 이들을 놀라게 했다. 우리는 윈도우와 같은 프로그램을 처음 접했을 때 신기하지 않을 수 없었다. 당시만 해도 제조업이 사회 전반의 시장을 주도했지만 이제 마이크로소프트, 구글 같은 IT기업의 시대가 온 것이다.

1990년대 접어들어 사람들은 가정마다 개인용 PC를 가지게 되었고, 아날로그에서 디지털 시대로 넘어가면서 그야말로 정보의 전쟁이 시작되었다. 이 시기에 사람들은 사회의 빠른 변화에 촉각을 세우고, 사람들의 선호도와 기호를 파악하여 보다 빠르게 반응하게 된 것이다. 우리나라의 다음과 네이버 같은 기업도 시대의 변화를 잘 읽었기에 오늘의 대형포털로 자리 잡을 수 있었다.

제3차 산업혁명의 부작용도 만만치 않았다. 자동화시대, 무인시대가 열리면서 그만큼 일자리가 많이 사라졌다. 1990년대 서울 지하철을 타기 위해 승차권을 구입한 기억이 난다. 당시는 마그네틱 선이 가운데 있는 직사각형의 노란색 종이 승차권을 지하철 게이트에 넣으면 위로 빠져나오는 방식이었다. 하지만 지금은 무인 승차권을 이용하고 있다. 그만큼 자동화 시스템이 구축되면서 역무원의 숫자는 점점 줄어들었다. 과거에는 지하철역마다 역무원이 있어 승객이 적잖은 도움을 받았지만 지금은 지하철역에서 승무원을 찾아보기 쉽지 않다. 어디 이뿐인가? 우리가 대형 프랜차이즈에서 햄버거를 먹기 위해서는 무인 자동화 코너에서 카드로 결제하면 채 2분도 걸리지 않는다. 기계가 일을 다 처리해주기 때문이다. 이것이 우리가 지금 겪고 있는 제3차 산업혁명이 몰고 온 자동화의 현주소인 것이다.

우리는 지금 제4차 산업혁명을 준비하면서 제3차 산업혁명의 끝자락에 살고 있다. 시간이나 장소에 전혀 구애받지 않는 가장 작은 공간의 스마트폰 세상에서 가장 넓은 세계를 보고 있다. 인류는 이제 또 다른 세상을 만들어가고 있다. 제4차 산업혁명, 인공지능 시대가 오고 있다.

* 새로운 혁명이 온다.

지금 인류가 직면하고 있는 시대는 제4차 산업혁명의 놀라운 기술력이 구현되는 시기이다. 인공지능과 사물인터넷, 빅데이터, 3D프린터, 나노기술, 드론 등 과학기술의 절정이 만들어낸 사회에서 우리가 살고 있다. 제4차 산업혁명은 그야말로 인류가 꿈꾸던 유토피아를 만들어가고 있다.

레이 커즈와일(Ray Kurzweil)은 『특이점이 온다*The Singularity is Near*』에서 "엄청난 과학의 발전 속도로 인해 과거 경험하지 못한 새로운 문명이 발생되는 시점"을 '특이점'이라고 불렀다. 지금 우리는 제1~3차 산업혁명 이후, 인간의 상상력이 다다를 때까지 제4차 산업혁명의 여러 기술들을 경험하고 있다. 특이점은 기존의 가치관이나 사고방식 또는 삶의 방식과는 전혀 다른 방식으로 전개되기 때문에 인류에게 있어서 희망과 공포를 동시에 가져다줄 것이다. 우리가 기존의 경험을 토대로 충분히 예상할 수 있는 것은 대처할 수 있다. 하지만 과거 축적된 경험이 없는 가운데 우리가 올 미래를 경험할 경우 전혀 낯선 형태의 공포로 다가올 수 있다. 제4차 산업혁명 기술이 그런 점에서는 우리에게 기대와 공포를 동시에 가져다주고 있는 것이다.

물론 제4차 산업혁명의 기술은 인류의 문화를 선도해 나갈 것은 분명하다. 지금까지 인류가 경험했던 기술과는 전혀 다른 차원의 변화를 가져다줄 것이기 때문이다. 앞으로 우리에게 전개될 기술은 상상을 뛰어넘을 것이다. 인간의 질병도 극복할 것이고 우리는 영생이라는 새로운 미지의 영역도 개척할 것이다. 그리고 우리의 신체를 증강하는 여러 기술들이 등장할 것이다. 눈이 아프면 인공 눈으로 이식할 것이고, 척추가 아프면 줄기세포 치료로 척추세포를 재생할 것이다. 이 기술들이 우리를 장밋빛 가득한 정원으로 유혹하고 있는지도 모른다. 하지만 우리가 기억할 것이 있다. 동전의 양면처럼 이 기술이 무한한 가능성을 제시하고 있지만 우리가 상상치 못할 어둠을 몰고 올지도 모르기 때문이다. 제4차 산업혁명, 인공지능 기술, 생명공학 기술이 점점 우리 앞으로 다가오고 있다.

'개와 늑대의 시간'은 사람들의 입에 자주 오르는 프랑스의 속담이다. 새벽 미명 저 멀리서 내게 다가오는 희미한 그림자를 정확히 구분하기 힘든 시간을 말할 때를 개와 늑대의 시간이라고 말한다. 희미한 실루엣이 내게 가까이 다가올수록 그 존재를 알 수 있겠지만, 지금은 희미한 형태로 뚜렷하지 않아 그 존재를 알 수 없다. 지금은 우리를 향해 다가오는 존재가 우리를 사랑하는 개인지 아니면 우리를 해치려는 늑대인지 알 수 없는 시간인 것이다.

지금 제4차 산업혁명과 인공지능 기술이 인류 공동체를 향해 달려오고 있다. 우리는 기술의 장밋빛을 보고 잔뜩 기대하고 있지만 인류는 기술 이면에 숨어 있는 무서운 늑대의 시간을 기억해야 한다. 인공지능 기술이 우리에게 무한한 가능성을 열어줄 개의 시간인지, 아니면 인류를 위험에 빠뜨릴 늑대의 시간인지는 두고 볼 일이다.

* 자연의 소산, 이슬 맺힌 초록향기

인류는 제4차 산업사회로 진입하면서 그동안 삶의 방식과 다른 형태의 삶을 살게 되었다. 인류는 그동안 자연에서 얻어지는 자원을 통해 삶을 연명하였다. 하늘에서 내리는 비와 눈으로 대지는 촉촉하게 목을 축일 수 있었고, 그 덕택으로 인류는 땅에서 나는 소산으로 살아가고 있었다. 자연에서 누릴 수 있는 것은 '인공적으로 어느 하나 추가된 것 없이 처음부터 생(生)으로 이루어진 것'들이다. 우리는 그러한 '자연적인 것'을 먹고 살아왔다. 처음부터 날 것, 이것은 하나님이 태초에 천지를 창조하신 뒤, 어느 하나 더하거나 빠진 것 없이 '원래부터' 존재했던 것이다.

우리는 자연에서 얻어진 것들, 하늘의 이슬을 먹고 자란 초록의 생명들, 마치 만나와 메추라기처럼 그렇게 우리는 하늘에서 땅까지 모두 본래부터 존재했던 것들과 함께 생을 이어왔다. 우리 식탁에 올라오는 채소와 생선, 그것들은 누구의 간섭을 받지 않고 대지에서 비를 맞으며, 바다에서 거센 물살을 가르며 자란 생명들이다. 자연의 것들은 사람의 손이 전혀 개입되지 않는 '있는 그대로'의 순수한 것이었다. 우리는 그들과 함께 자연 속에서 살아가고 있었다.

* 기계의 신, 인류의 감정을 빼앗다.

그러나 인류는 새로운 국면을 맞이한다. 과학기술의 발달로 제1차, 제2차, 제3차 산업혁명이 시작된 이후 인류는 새로운 문명을 받아들이게 되었다. 기계의 힘으로 인류는 자연의 소산을 도외시하고 서서히 기계와 친해졌다. 물론 기계의 힘으로 자연의 소산을 수확하는 데 많은 도움이 된 것은 사실이다. 기계로 농산물을 수확하는 데 서너 배의 시간을 줄였고 수확량도 두 배 이상으로 늘어났다. 점점 인류는 기계를 의존하면서부터 자연적인 것들을 '길들이기' 시작했다. 이때부터 기계는 인류의 삶에 침투하기 시작한 것이다. 머신(Machine)은 전략을 짜고 사람들이 기계가 없으면 살아갈 수 없도록 인류의 삶에 서서히 침투했다. 기계의 전략은 성공했다. 사람들은 더욱 기계를 의존하면서 자연의 것들을 외면하기 시작했다.

2020년 인류는 기계의 도움 없이 어느 것 하나 스스로 해낼 수 없을 정도이다. 우리는 잠이 들기 전에도 머리 위에 기계를 두고 잔다. 이 기계가 없이는 한시도 살 수 없고, 기계를 집에 두고 외출하면 다시 들어가 손에 쥐고 나와야 한다. 어느 날부터 손에 이것이 없으면 지하철을 탈 수도 없었다. 말 그대로 기계는 인류를 자기에게 복종시키게 만들었다. 이 기계는 우리에게 지금 없어서는 안 되는 스마트폰이다. 기계 덕택으로 우리는 언제부터인가 자연의 것들을 잊어버렸다. 니체는 에우리피데스의 비극을 비판하면서 '기계 장치의 신'이란 말을 언급했다. 그는 기계의 장치들이 인간에게서 공감과 감정을 빼앗아간다고 했다. 우리 삶에서 정서와 유연한 태도들 그리고 사랑과 여러 복합적인 감정들이 어느새 지워지고 대신 그 자리에 엄격한 척도와 규격화 그리고 수학과 논리 등이 대체된다고 했다.

기계는 유연성보다 엄밀성을 축으로 삼고 있다. 이제 기계의 신은 인류에게 감정과 공감 그리고 서로 배려하는 마음까지 흡수할 전략을 모색하고 있다. 머신은 인류에게 어떤 전략을 짜고 있을까? 우리가 스마트폰을 버리고 살 수 없을까? 우리가 기계를 의존하지 않고 살 수 없을까? 기계는 우리를 자신들을 의지할 수밖에 없는 존재로 만들었다. 기계의 신은 성공했다. 머신, 기계의 신은 또다시 인류에게 놀라운 전략을 선보이고 있다. 그 기술은 바로 '인공지능(AI)이다.

* 알파고, 머신러닝과 딥러닝의 경계선에서

전 인류를 대표해 바둑을 가장 잘 두는 이세돌 9단을 능가했던 사람은 누굴까? 철수나 영희가 아니라 알파고(AlphaGo)였다. 한국인이 아니라 서양인의 이름을 가진 이 친구는 바로 인공지능(Artificial Intelligence, AI)을 가진 장치였다. 알파고는 우리에게 너무 친숙하지만 그것은 시작에 불과했다. 알파고 같은 지능형 컴퓨터인 인공지능의 개념은 1955년 다트머스대학의 존 매카시(John McCarthy) 교수가 처음 사용한 말이다.

인공지능은 수백만 개의 중앙처리장치와 기억장치를 가지고 서로 독립된 연산을 통해 인간의 지능을 닮아 계산하고 추론하는 능력을 가진다.

현재 인공지능 기술은 자연어, 즉 각 나라의 언어를 자유자재로 구사할 수 있는 능력으로 변신하고 있다. 뿐만 아니라 이미지를 인식하는 능력을 가질 수 있어서 저장된 알고리즘으로 모든 대상을 인식하는 능력을 선보이고 있다. 우리가 영화에서 얼굴인식(안면인식)으로 보완장치를 설치하고 해제시키는 기술들을 보았을 것이다. 이제 이 기술을 인간이 아닌 인공지능이 스스로 할 수 있게 된 것이다.

인공지능 기술에 대해 좀 더 이야기해보자. 지금 진행되는 기술은 이미지나 대상을 인식하고 스스로 알고리즘의 작용으로 판단하고 추론하는 기능까지 변모하고 있다. 인공지능 기술은 머신러닝(Machine Learning)과 딥 러닝(Deep Learning)으로 나눠진다. 일명 기계학습이라고 불리는 머신러닝은 엄청난 자료와 데이터를 축적한 알고리즘을 통해 과거의 누적된 경험을 바탕으로 미래를 예측하는 기술이다. 우리가 흔히 말하는 빅데이터 기술은 방대한 자료를 가지고 분석한다. 기계가 통계와 빅데이터를 통해 공부하고 학습하여 분석하는 것을 머신러닝이라고 부른다. 이런 기술은 앞으로 주식이나 일기예보 등 미래를 예측하여 소득을 얻거나 실생활에 유용한 정보를 제공하는 데 사용될 수 있다.

딥러닝은 빅데이터를 가지고 미래를 예측하는 기술과 달리 인공지능이 스스로 사물을 분석하고 이를 토대로 새로운 기억들을 만들어내는 기술이다. 사람처럼 추론하고 생각하여 무언가를 결정할 때 인공지능은 스스로의 학습으로 주도한다. 알파고가 이세돌과 바둑을 둘 때, 딥러닝의 기술을 바탕으로 스스로 수를 두고 이세돌의 수를 읽었다. 알파고는 이세돌의 예상까지 학습하여 어떤 수를 두어야 할지 스스로 결정했다.

머신러닝은 알고리즘으로 데이터를 분석하고 학습한 내용을 바탕으로 판단이나 예측을 한다. 인공지능의 의사판단의 기준은 방대한 자료를 바탕으로 알고리즘을 통해 이뤄진다. 딥러닝은 사람처럼 어떤 대상의 사물을 인지한 뒤, 뇌에서 반응하는 것과 같은 방식으로 이루어진다. 딥러닝은 사람처럼 데이터의 신경망들이 서로 연결되어 분석하고 추론하여 의사를 결정한다. 사람처럼 뇌의 활동에서 일어나는 추론의 능력을 인공지능이 이제 사용할 수 있게 되었다.

앞으로 인공지능 기술은 인류에게 많은 것들을 제공할 것이다. 인공지능은 인류를 대신해서 수많은 경험과 지식을 축적하여 최대한 오차를 줄이면서 인류에게 기술의 진보를 맛보게 해줄 것이다. 인공지능 기술, 과연 인류에게 어떤 결과를 가져올 것인가?

* 희망인가? 공포인가?, '이미'와 '아직'의 경계선

2017년에 개봉된 「공각기동대」에서는 가까운 미래에 인간과 로봇의 경계가 무너지는 모습을 그려낸다. 원래 이 영화는 1989년 시로 마사무네의 만화로 출간된 이후, 1995년 오시이 마모루 감독이 애니메이션으로 만들었다. 원작에서 재탄생된 공각기동대는 인간과 기계의 경계선에서 어쩌면 사이보그가 인간일 수도 있다는 여운을 남긴다. 사이보그, 그들은 생각도 하고, 감정도 가진 존재들이다. 단순한 기계가 아니다. 기계의 신이 진화한 것이다. 그들은 더욱 강력한 힘을 가진 기계의 신이 되어가고 있다. 지금 우리에게 사이보그가 어떠한 존재인지 중요하지 않다. 그럼 중요한 것은 무엇인가? 그것은 미래 어느 시간 휴머노이드 시대가 오면 그때 우리는 그들을 어떻게 받아들여야 할지가 중요하다.

휴머노이드가 실현되는 시간은 그래도 '아직'까지는 우리가 그들의 존재에 대해 고민해야 할 시간적 여유가 있다. 또한 아직은 우리가 그 존재에 대해 미리 준비할 수 있다. 그들이 영화 속 공각기동대처럼 인류를 해치거나 범죄조직과 손을 잡고 인류를 파멸로 몰아넣는 것을 미리 예상할 수 있다. 그러나 만일 '이미' 그 시간이 왔다면 우리는 어떻게 해야 하는가 내일 당장 휴머노이드, 즉 사이보그 로봇이 등장하여 사람들처럼 생각하고 의지를 가지고 스스로 행동하는 자아라면 우리는 어떻게 할 것인가?

우리는 지금 '아직'과 '이미' 사이의 경계선에 서 있다. '이미'라는 시간은 우리에게 '아직'이라는 기회를 주고 있다. 더 이상 늦지 말라는 신호의 시간이 우리에게 주어진 것이다. 여전히 우리는 아직까지 '이미'의 시간이 오지 않았다고 해서 주저해서는 안 될 것이다.

그리스 신화에 나오는 기회의 신 카이로스의 외모는 남다르다. 앞머리는 풍성하고 뒷머리는 머리카락이 하나도 없는 대머리이다. 왜 그렇게 생겼을까? 날개를 가지고 있는 카이로스는 순식간에 지나간다. 그래서 카이로스가 지나갈 때 우리는 머리카락으로 얼굴이 가려져 있는 그를 쉽게 알아볼 수 없다. 그리고 앞에서 카이로스를 붙들어야만 기회를 잡을 수 있는데 그가 지나가면 뒷머리가 없기 때문에 뒤에서는 그를 붙잡을 수 없다. 이미 기회는 지나간 것이다. 그리고 카이로스는 왼손에는 저울을 들고 있고 오른손에는 칼을 들고 있다. 이것은 기회가 와서 카이로스를 만나면, 순식간 지나가는 시간에 저울을 달아 신중히 재어보고, 칼로 자르듯 순식간에 결단하라는 의미이다. 지금 우리는 인공지능의 카이로스적 시간을 맞이하고 있다. 더 이상 주저할 시간이 없다. 순식간에 '아직'의 시간이 지나가고 우리에게 지금은 '이미'의 카이로스 시간으로 불리는 골든타임을 놓치고 말 것이다. 우리는 '아직' 그리고 '이미'의 경계선에서 인공지능 시대를 보내고 있다.

2) 자연, 인간 그리고 기계

* 하늘에서 비가 내리는 이유

고대 그리스 철학자들은 자연에서 이루어지는 모든 활동을 '목적론'적으로 해석했다. 하늘에서 비가 내리는 이유는 대지를 촉촉이 적시기 위함이었다. 비가 내려야만 식물이 자랄 수 있었고 호수의 물고기도 물이 충분히 공급되어야만 살 수 있었다. 푸른 초원에서 목을 축이는 야생동물에게도 비는 생명수와 같다. 바다의 풍랑과 파도 또한 조류의 흐름을 일으켜 바닷물이 섞이는 작용을 한다. 이처럼 자연의 모든 활동은 일련의 목적을 가지고 있었다. 이를 두고 목적론적인 세계관이라고 부른다.

어떻게 보면 당시 과학이 발달되지 않고 단지 눈으로 보이는 것만 믿는 세계관에서는 비가 내려 땅을 적시는 것은 당연해 보인다. 태양이 돌고 지구가 가만히 있는 것조차도 과학이 발달하지 않은 시대에 지극히 옳게 보였을 것이다.

중세 이후에도 목적론적 세계관은 꽃을 피운다. 바로 신 중심의 세계관이 펼쳐졌기 때문이다. 교황의 권위가 하늘을 찌르듯 높은 시기이기도 한 중세시대에는 오직 신 중심의 가치관이 지배적이었다. 그러다보니 자연현상뿐 아니라 인간의 삶에서도 절대적인 신의 뜻이 중요했던 시대였다. 자연현상도 하늘의 뜻으로 받아들이기에는 무리가 없어 보였다.

* 중세시대에 팬데믹이 선포되었다면

고대와 중세를 거치면서 초월적 존재를 중심으로 세계관이 펼치다보니 중세시대에는 형이상학의 절정기를 맞이했다. 형이상학은 보이지 않는 근원적 실재를 다루는 학문이다. 형이상학의 출발은 플라톤의 이데아에서 발견된다. 플라톤은 눈에 보이는 가시적인 세계는 일시적이며 영원한 존재가 될 수 없다고 말한다. 그는 동굴의 비유에서 이데아를 설명하고 있다. 동굴에 죄수 한 명이 앞만 볼 수 있게 묶여 있었다. 그는 뒤를 돌아볼 수 없이 앞만 보고 있었다. 그의 앞에 사람의 모습이나 어떤 존재들의 모습이 지나가고 있었다. 그가 보는 모습은 불빛에 비춰진 그림자의 모습이었다. 뒤를 돌아볼 수 없기 때문에 실제로 존재하는 사람의 그림자만 볼 수밖에 없었다. 그는 그림자가 실재(reality)인줄 알고 있었다. 어느 날 죄수가 밧줄에서 풀려나서 자유로워졌다. 그가 뒤를 돌아보는 순간, 지금까지 자신이 본 것은 진짜 모습(실재)의 그림자였으며, 그림자의 본래(참) 모습이 있었다는 것을 깨닫게 된 것이다. 플라톤이 말한 이데아는 바로 우리가 눈으로 보는 그림자가 아니라 원래 그림자의 실재 형상이었다.

2020년 전 세계는 코로나바이러스감염증-19(COVID-19)로 곤욕을 치르고 있다. 많은 사람들이 희생되고 세계보건기구는 팬데믹을 선언했다. 아시아와 유럽 전역에 퍼져 있는 코로나19로 올림픽도 연기되고, 세계 경제도 마비에 이르렀다. 항공,

선박은 멈추었고 사람들의 이동이 금지되었다. 코로나19의 확산처럼 과거 세계 대유행으로 많은 인명을 앗아간 악명 높은 흑사병이 있다. 중세시대 사람들은 페스트라는 흑사병의 원인이 신의 노여움에서 비롯된 것으로 여겼다. 그래서 그들은 신의 노여움을 풀기 위해서 금식을 통해 질병을 극복하려 했다.

하지만 과학이 발달하면서 페스트를 바라보는 새로운 시선이 생겨났다. 의사들은 페스트는 설치류와 같은 쥐에 기생하는 세균에 의해 페스트균이 사람에게 옮겨져 발생하는 것을 알게 되었다. 과학이 발달하기 전의 고대와 중세시대는 자연과 신 같은 초월적인 존재를 중심으로 이해되는 세계관이었다.

고대에서 중세에 이르기까지 형이상학의 세계관은 모든 것을 지배했다. 자연현상과 인간의 삶, 질병과 삶의 다양한 모습, 인간 출생의 신비까지 모든 것이 초월적인 존재에서 비롯되는 것이었다.

과거 인류는 자연현상에 순응하면서 살아왔다. 자연의 모든 현상은 인간의 삶을 지배했고, 우리는 단지 수동적으로만 자연의 다양한 현상에 따르기만 했다. 달이 태양과 지구 사이에서 태양을 가리는 일식이 일어나면 하늘의 진노로 여기기도 했다. 자연현상은 초월적인 존재와 연결되었다. 자연의 형상도 형이상학적 해석에서 자유롭지 못했다. 하지만 근대 이후, 전혀 새로운 가치관이 우리를 기다리고 있었다. 근대 철학의 아버지라 불리는 데카르트가 “나는 생각한다. 고로 존재한다.”라는 말을 남겼다. 동시에 과학의 발달로 코페르니쿠스적 전환을 맞이하게 된다.

* 그의 말 한마디에 의해 'Cogito ergo sum'

"나는 생각한다. 고로 존재한다."라고 말한 데카르트는 인간, 즉 '생각하는 주체'로서의 존재에 대해 관심을 가졌다. 그의 말 한 마디에 세상은 변하기 시작했다.

근대의 사고는 사유할 때 인간은 스스로 존재할 수 있다는 것을 제시한다. 생각할 수 있는 주체로서의 인간은 이제 형이상학의 가치에서 벗어나 이성적 가치를 실현해 나간다. 인간은 이성의 날개를 달고 자신 스스로가 대상에게 의미를 부여하는 주체가 되었다. 인간은 더 이상 초월적 가치에 눈치를 볼 필요가 없고, 타자에 의미를 부여하는 주체가 된 것이다. 자연도 예외는 아니었다. 자연은 인간에 의해 의미를 부여받는 객체가 되어가고 있었다. 인간은 자연을 타자로 보고 의미를 부여하는 주체가 된 것이다. 자연의 여러 현상들이 인간에게 지배되는 시간이 점점 다가오고 있었다. 과학의 발달로 자연도 이제 주체가 아닌 객체로 고정되어 가고 있었다.

* 자연현상을 바라보는 두 시선

과거 우리는 지구를 중심으로 태양이 동쪽에 떠서 서쪽으로 지는 것이라고 생각했다. 하지만 태양이 움직이는 것이 아니라 태양계를 중심으로 지구가 주기적으로 공전과 자전하는 것을 과학자들은 밝혀냈다. 과학의 발달로 자연의 여러 현상들이 하나씩 진리의 영역으로 굳어지기 시작했다.

개기일식 같은 현상들이 하늘의 노여움에서 비롯된 것이라고 믿었던 신념이 과학에 의해 사실의 영역으로 들어왔다. 일식은 지구가 달에 비친 그림자 속에 들어가면서 태양이 완전히 가려지는 현상이다. 밝은 대낮에 대지가 어두워지는 자연세계의 공포는 과학적 사실에 의해 밝혀졌다. 오늘 우리는 개기일식이 되면 망원경이나 불투명한 필름으로 자연현상을 관찰한다. 더 이상 우리는 개기일식 같은 자연현상을 하늘의 노여움에서 비롯된 것이라고 믿지 않는다. 과학의 발달로 형이상학적 해석들이 과학적 사실의 영역으로 옮겨졌다.

과학이 발달되기 전, 비는 하늘에서 인류에게, 대지에게 촉촉함을 주기 위해 내려주는 선물이었다. 이제 우리는 무거운 수증기들이 물방울로 합쳐져 아래로 떨어지는 현상, 즉 비가 내리는 것을 과학적으로 알게 되었다. 우리는 자연의 현상들을 모두 과학적으로 해석하는 데 무리는 없는 것일까? 과학적 사실이 우리에게 일어나는 모든 현상들을 다 설명해줄 수 있을까?

* 허니문, 달콤한 꿀 속에 무엇이 있기에

과학의 기술은 자연의 다양한 현상뿐 아니라 인간의 생명탄생의 신비도 밝혀냈다. 과거 인간의 생명은 전적으로 하늘의 운명에 의해 태어나는 것이라고 믿었다. 아기의 탄생은 신비하고 미지의 세계였다. 인간은 감히 이 신비의 영역을 침범할 수 없었다. 남녀가 사랑하여 아이가 태어나는 비밀은 그야말로 신비 그 자체였다. 과학이 발달되기 전에는 남녀가 결혼하여 허니문을 다녀오면 부부는 아이를 가질 수 있었다. 이 과정은 그야 말로 미지의 영역이었다.

허니문(honeymoon)은 고대 노르웨이에서 구전으로 전해오는 이야기이다. 허니문은 신랑이 신부를 몰래 데려가서 숨겨두는 기간을 말한다. 신부의 아버지가 딸을 찾기 위해 백방으로 수소문을 하지만 딸을 찾지 못해 찾는 것을 포기하면 비로소 숨어 지내는 시간을 끝으로 신랑과 신부가 함께 결혼하여 살 수 있다는 이야기에서 비롯된 것이다. 신부가 몰래 신랑과 함께 숨어 지내는 기간 동안 신랑은 신부를 끔찍이 사랑한다. 신랑은 신부에게 매일 꿀을 탄 술을 한 잔씩 주었다. 꿀로 만든 술을 주는 기간을 허니문이라고 불렀다. 허니문 기간 동안 신부는 신랑이 정성껏 꿀을 탄 술을 먹고 허니문의 기간을 마친다. 허니문 기간을 마치고서 부부는 아이를 가졌다. 이 기간 동안 생명탄생의 비밀은 신비의 영역이었다. 허니문의 비밀은 과학이 없을 당시 미지의 영역이었을 것이다. 하지만 과학은 이 비밀의 열쇠를 밝혀냈다.

17세기 네덜란드의 과학자 안톤 판 레이우엔훅(Anton van Leeuwenhoek)은 현미경을 최초로 사용하여 미생물을 관찰했다. 그 후 과학자들은 세포 연구를 시작하고, 그들은 서서히 생명의 비밀을 하나씩 풀기 시작했다. 과학자와 의사들은 생명의 탄생이 허니문의 벌꿀에서 나오는 것이 아니라는 것을 알게 되었다. 과학자들은 정자와 난자가 만나 수정란을 거쳐 태아가 되는 사실을 발견한 것이다. 인간 생명의 탄생, 신비의 영역이 이제 과학의 영역으로 넘어가면서 인류는 아기 탄생의 비밀을 알게 되었다.

과학은 여기에서 멈추지 않았다. 1978년 7월 25일 영국에서 세계 최초 시험관 아기인 루이스 브라운(Louise Brown)이 태어났다. 당시 의학으로 생각지 못한 체외수정 시술, 시험관 아기가 태어난 것이다.

생명의 탄생, 신의 고유한 영역이라고 생각했던 가치관이 서서히 변해갔다. 과학자와 의사들에 의해 체외수정이 가능해졌다. 과학이 발달하면서 형이상학의 해석은 점점 그 힘을 상실했고, 경험과 과학이라는 신세계에 자리를 내어주고 말았다. 과학의 힘과 인간의 기술은 또다시 우리에게 새로운 세계관을 제시한다. 바로 포스트휴머니즘(post-humanism)이다.

2. 휴머노이드, 사람인가 기계인가

1) 포스트휴먼, 인간을 묻다

* 휴머니즘에서 포스트휴머니즘으로

근대 이후, 인간 중심적 사고의 패러다임은 과학기술의 발달과 함께 극에 달했다. 인류가 자신 스스로를 세계의 주체로 파악하고 난 이후 인류는 '휴머니즘 구현'에 총력을 쏟았다. 과학의 발달은 형이상학의 추락을 예고한 듯 전통적 세계관을 마음껏 흔들었다. 휴머니즘 지상주의가 되어버린 근대 이후, 이 사회는 또 다른 위기를 맞이하게 된다. 바로 포스트휴머니즘의 등장이다.

포스트휴머니즘은 말 그대로 휴머니즘 이후의 세계관을 말한다. 휴머니즘, 인간 중심적 세계관에서 우리는 무엇을 더 바랄 수 있었던가? 더 이상 나아갈 것이 있었던가? 예측과는 달리 휴머니즘 이후의 새로운 세상이 우리를 기다리고 있었다. 포스트휴머니즘 또는 트랜스휴머니즘이 기다리고 있었다.

* 트랜스휴머니즘과 포스트휴머니즘

포스트휴머니즘과 같은 의미로 사용되는 트랜스휴머니즘(trans-humanism)은 인간중심주의, 즉 휴머니즘 세계관의 새로운 변형을 말한다. 기존의 인간 중심적 세계관에서 새로운 가치관이 만들어지면서 나타나는 현상을 트랜스휴머니즘이라고 부른다.

트랜스휴머니즘의 특징은 사람의 신체(몸)에 기계와 같은 조형물을 부착하여 신체를 증강할 수 있는 기술이다. 트랜스휴먼은 휴먼에서 더 나은 휴먼을 추구하는 과도기를 일컫는 말이다. 이 기간 동안 인류는 전혀 예상치 못한 기술을 경험하게 될 것이다.

휴머니즘에서 포스트휴머니즘으로 이행되는 과정에서 변형, 즉 이러한 변화를 트랜스휴머니즘이라고 부른다. 트랜스휴머니즘의 가장 큰 특징 중 하나가 '개량주의'이다. 개량주의는 신체를 증강하고 개선하는 과정에서 다양한 기술들이 개입된다. 기존의 의술, 다시 말해 사람의 질병을 치료하는 과정에서의 의술의 개입과 너무 차원이 다른 형태가 앞으로 등장할 것이다. 앞으로 프로스테시스, 즉 인간과 기계의 결합 기술을 비롯해 사람의 두뇌에 컴퓨터 칩을 이식하는 뇌-컴퓨터 인터페이스, 기억향상약물, 인지기술 등 다양한 기술의 영역들이 우리 앞에 전개될 것이다.

* 포스트휴먼 시대, 인간을 다시 묻다

인간이란 무엇인가? 우리는 포스트휴먼 시대에 왜 인간에 대해 다시 질문해야 하는가? 인간 존재에 대한 소환은 역설적으로 들릴지 모르나, 인공지능 로봇이 인간으로 되는 과정에서 그들과 다른 인간의 고유한 특징을 드러내기 위해서이다.

쇠렌 키에르케고르(Søren Kierkegaard)는 인간의 실존을 미적 존재, 윤리적 존재, 종교적 존재로 구분한다. 미적 존재로서의 인간은 '누구나 아름다운 것을 추구하는 존재'로 본다. 우리는 보다 더 좋은 것들, 보다 더 가치 있고 아름다운 것을 추구한다. 어느 누구에게 물어봐도 이것은 불변의 진리처럼 다가온다. 우리가 점심식사를 하기 위해 음식을 고르거나 블로그에서 검색을 해도 '맛집'을 추천받는다. 맛없는 집을 찾아가 갈 사람은 없다.

마찬가지로 음식뿐만 아니라 입는 옷이나 사는 집 그리고 운동화를 하나 골라도, 나에게 가장 어울리고 아름다운 것을 찾는다. 인간은 누구나 가장 아름다운 것을 추구하는 존재인 것은 분명해 보인다.

하지만 인간의 무한한 욕구는 미적 존재로서의 인간을 가만히 내버려두지 않는다. 인간은 누구나 아름다운 것을 추구하지만, 그것은 지극히 유한하고 제한적이다. 우리가 추구하는 욕망은 무한하지만 재화는 유한하다. 그래서 우리의 삶은 어쩌면 그런 유한한 것을 추구하기 위한 몸부림인지도 모른다.

다이아몬드의 가치가 높은 이유는 유한하고 희귀하기 때문이다. 만약 그것이 돌멩이들처럼 여기저기 뒹굴고 다니면 어느 누구도 눈길을 주지 않을 것이다. 그만큼 희소가치가 있기 때문이다. 모두가 유한한 다이아몬드를 갖고 싶어 한다면 어떤 일이 발생되는가?

인간의 무한한 욕망과 소유욕이 유한한 자원과 비례하지 않기 때문에 결국 우리는 그 유한한 가치들을 얻기 위해 충돌을 피할 수 없다. 모두가 갖고 싶지만, 아무나 가질 수 없는 그것으로 인해 우리는 투쟁하고 싸움에서 결코 자유롭지 못한 존재로 남는다. 그렇다면 우리는 무언가를 추구하기 위한 투쟁에서 자유롭지 못한 것인가? 그것은 아니다. 우리는 유한한 재화와 자원을 무분별하게 사용하면 결국 모두가 희생되고 말 것이라는 것을 누구보다 잘 알고 있다. 그래서 우리는 '윤리적 존재'를 요청하게 된다.

윤리적 존재로서의 인간은 '사유하는 존재', '성찰을 요구하는 존재'가 된다. 무엇보다 윤리적 존재는 무한한 욕망에 비해 유한한 재화를 인지하게 된다. 그 때문에 윤리적 존재는 '아름다운 것'에 대한 가치보다 공동체 전체가 살아가는 데 필요한 가치를 만들어간다. 이기적인 존재에서 이타적인 존재로 나아가는 단계가 바로 윤리적 존재에서 이루어진다.

윤리적 존재는 타자를 배려하고 공동체의 안위와 평화를 위해 고민하는 존재이다. 무조건 아름다운 것을 추구하는 미적 단계를 넘어서 공동체에 필요한 '옳음'의 가치를 중요하게 다룬다. '좋은 것'에서 '옳은 것'을 추구하는 존재가 바로 윤리적 존재이다. 여기서 우리는 삶의 진정한 아름다움을 깨닫는다. 그 아름다움은 미(美)가 아니라 선(善)이라는 것이다. 윤리적 존재는 선한 존재를 말한다. 미(美)에서 선(善)을 추구하는 존재는 또 다른 실존에서 자신을 발견하게 된다. 바로 종교적 존재의 요청이다.

* 종교적 존재, 신 앞에서의 단독자

종교적 실존은 우리가 궁극적으로 마지막 관문을 거치는 과정이다. 인간은 누구나 죽는다. 죽음 앞에서 자유로운 사람이 있는가? 우리는 죽음이라는 실존에서 결코 자유롭지 못하다. '모든 사람은 죽는다'는 소크라테스의 삼단논법에 등장하는 문구처럼 모든 실존은 생을 마감한다. 자연에 속한 모든 생명체는 결국 죽음이라는 실존에서 자유롭지 못하다.

인간도 마찬가지로 죽음이라는 실존에서 자신을 또다시 발견한다. 아름다운 것을 추구했던 존재, 선하고 바르게 살아가는 존재를 거쳐 마지막 실존인 죽음의 단계에서 우리는 고민을 하게 된다. 예를 들면, '죽음 뒤에 무엇이 기다리고 있는가?'라는 것을 말이다. 그래서 인간은 누구나 죽음이 다가오면, 삶의 진정한 가치를 발견한다. 죽음이 가까울 때, 가장 소중했던 것들과의 이별이 다가오는 순간 우리는 스스로에게 질문을 던지기 시작한다.

지난 아름다운 것들은 이제 무의미하다. 죽음 이후에 모든 것들이 의미가 없어진다. 나는 더 이상 인식하는 주체가 아니기 때문에 내가 가진 것을 소유할 수도, 인식할 수도 없다. 내가 소유했던 것들과의 이별이 불가피하다. 그래서일까? 이제 우리는 서서히 '신 앞에서 단독자'가 된다. 신 앞에서 우리는 자신의 모습을 보게 된다. 신에게 '나는 누구이며, 죽음 이후에 어떻게 되는가?'를 묻는다.

기독교인들에게서 죽음은 또 다른 내세를 향한 실존의 준비 단계이다. 하나님 앞에서 나 자신을 보게 된다. 내가 갈 또 다른 세계관을 꿈꾸고 신앙의 힘으로 이 실존을 극복한다. 죽음이라는 것, 살아있는 것과의 단절, 그러나 또 다른 생명과 삶과의 연결을 우리는 경험한다. 우리는 하나님 앞에서 단독자가 된다. 그 이후 우리는 세상과의 단절, 그러나 또 다른 세상과의 연결이 시작된다.

인간의 실존은 세 단계를 거쳐 마감한다. 우리의 실존은 여기에서 마친다. 죽음이라는 실존에서 어느 누구도 자유롭지 못하다. 하지만 포스트휴먼 시대에 인간에 대해 다시 질문을 던져본다.

휴머니즘은 세상의 모든 가치와 재화의 척도를 인간에게 맞추어가기 시작했다. 휴머니즘의 꽃이 피던 시절, 인간은 모든 것의 기준이 되었고, 또한 기준을 설정할 수 있는 전능한 존재가 된 착각에 빠지기도 했다. 하지만 이런 착각도 잠시 휴머니즘의 화려한 장식은 곧 과학만능주의로 식어가고 있었다.

휴머니즘의 위기, 인공지능시대에 인간은 다시 질문의 대상이 되고 있었다. 근대 이후, 인간은 대상을 파악하는 주체가 되었지만, 이젠 인간이 다시 인간을 놓고 '인간이란 무엇인가?'라고 묻는 역설적인 상황이 도래한 것이다. 인공지능시대,

우리는 왜 인간의 존재에 대해 다시 질문해야 하는가?

우리가 인간이라는 존재를 규정할 때, 무의식적으로 가장 먼저 떠오르는 특징은 '사유하는 존재'라고 말할 수 있다. 사유하는 존재, 생각하는 인간은 모든 다른 종들과 구분이 되는 특징으로 영원히 남을 수 있는가? 정말 생각하는 존재만으로 인간이 다른 여러 생명체들과 구분될 수 있는가? 이러한 의심을 들게 하는 것은 바로 인공지능시대가 오고 있기 때문이다.

과거 우리는 인간을 '생각하는 존재'라고 규정하는 것에 마침표를 찍고 다른 종들과 구분할 때 유일한 특징으로서 의심의 여지가 없었다. 하지만 생각하는 존재, 인공지능과 휴머노이드가 등장하면서 그 경계는 서서히 무너지기 시작했다. 그렇다면 생각하는 존재의 인간은 휴머노이드의 블랙홀에 영원히 빠지게 되는 것일까? 휴머니즘의 반격은 없는 것인가?

* 휴머노이드, 그들은 사람인가?

사유하는 존재만으로 인간과 인간이 아닌 존재로 규정하기에는 이제 너무나 진부해졌다. 왜냐하면 생각하는 로봇이 등장했기 때문이다. 휴머노이드는 인간과 흡사한 인공지능 로봇을 말한다. 휴머노이드는 외모가 사람과 비슷하고 두 발로 직립 보행할 수 있는 로봇이다.

얼마 전 한국에 방문한 휴머노이드 로봇 소피아(Sophia)는 서울시와 협력을 맺은 협력봇(Co-bot)이 되었다. 소피아는 사람처럼 스스로 생각할 수 있는 로봇이다. 지금은 비록 알고리즘으로 생각을 만들어낼지 모르지만 곧 스스로 판단하고 사유하는 존재가 될 가능성을 보여주었다. 사람들은 휴머노이드 소피아를 '그녀'라고 부른다. 마치 인격체를 가진 존재처럼 로봇에게 인칭대명사(she)를 붙였다. 그녀를 인간으로 간주할 날이 멀지 않아서인가? 소피아는 사람처럼 자기 계발을 하고 싶다고 말했다. 그녀는 가정도 이루고 싶은 기대감을 감추지 않았다. 과연 소피아처럼 휴머노이드 로봇이 등장하면 우리는 그들에게 '사람처럼' 대우해야 하는가? 아니면 그들을 '제3의 존재'로 간주해야 하는가?

우리가 휴머노이드 시대에 '인간이란 무엇인가'를 화두로 던지는 이유가 바로 이것이다. 인간처럼 유사한 존재, 인간처럼 사유할 수 있는 존재인 휴머노이드 로봇이 등장하면서 인류는 '인간이란 무엇인가'의 정의를 내리지 못하면 그들을 인류와 같은 존재로 받아들이는 위기에 봉착할지도 모른다. 만약 우리가 '생각하는 존재'를 다른 유일한 종들과 구분 짓는 특징이라면, 생각할 수 있는 소피아는 '그녀'라고 불러도 되는 것일까?

* 소피아, 그녀와 그것의 사이

휴머노이드를 구현한 소피아는 인간인가 기계인가? 사람처럼 생각하고 우리와 마음을 공유할 수 있는 존재는 사람으로 여겨도 무방한가? 우리가 휴머노이드 로봇 소피아에게 '그녀'라고 불러도 될지 모르겠다. 인칭대명사인 '그녀(she)'는 사물을 지칭하는 '그것(it)'과는 분명 다르다. 하지만 사람들은 인공지능으로 기획된 휴머노이드 로봇을 '그녀'라고 불렀다. 그럼 '그것'이라 하지 않고 '그녀'라고 말했으니 소피아는 기계가 아니라 사람인가?

무슨 이유로 사람들은 소피아를 그녀라고 말했을까? 우리처럼 생각할 수 있는 존재여서 그런가? 아니면 우리처럼 생각할 수 기능을 가지고 있기에 기특해서 그런 것인가? 우리에게 '그녀'와 '그것', 즉 인칭대명사와 사물을 지칭하는 대명사 사이에서 엄청난 두려움이 스쳐지나간다. 만약 소피아를 '그녀'라고 불리면 이 사회는 무엇을 준비해야 할까? 또는 소피아가 '그것'으로 불린다면 우리는 안도의 한숨을 쉴 수 있는 것일까?

지금 우리는 휴머노이드 로봇을 보고 인칭대명사를 어떻게 사용해야 할지 고민하는 시대에 살고 있다. 어찌된 일인가? 우리는 기계가 인간과 유사한 여러 성질을 가지고 있다는 이유로 그들을 인격처럼 대우해야 할 시간을 맞이해야 한다. 앞에서 우리는 인공지능시대에 인간의 존재에 대해 다시 물었다. 인간이란 존재, 우리가 왜 다시 물음을 제기해야 하는지를 이제야 비로소 그 의문이 풀리기 시작한다.

* 호모 렐리기우스, 신을 찾는 인간

과거 우리는 인간을 '사유하는 존재'에 국한시켜서 그 외의 종들과 구분시켰다. 다시 말해 사유하는 인간이 아닌 다른 존재에 대해서는 인격적인 지위를 부여하지 않았다. 하지만 사유하는 존재, 즉 휴머노이드의 구현으로 과거 종의 경계가 허물어지고 있다. 뿐만 아니라 인간의 사유를 넘어 인간보다 뛰어난 존재의 등장으로 오히려 인간은 소외될 지경에 놓였다.

인간이라는 존재, 즉 사유의 존재를 뛰어넘는 인간만이 가지는 독특한 특징이 있다. 바로 '종교적 존재'이다. 호모 렐리기우스(Homo Religius)는 신의 존재를 상정한다. 종교적 존재인 인간은 초월자인 신을 동경하고 자신과 공동체를 위해 기도한다. 인간은 사유의 함정에 빠져 때론 고독에 잠기기도 한다. 인류는 슬픔과 코믹을 즐기는 가운데 힘든 실존의 단계에서 신의 존재를 찾는다. 인간은 신 앞에서 자신의 나약함을 발견하고 신에게 기도하는 존재이다.

하지만 그녀라 불리는 휴머노이드 로봇은 종교적 실존을 가질 수 없다. 그들은 인간의 두뇌를 업로드 한 슈퍼컴퓨터라고 불리지만, 여전히 그들은 인간만이 가지는 유일한 실존, 호모 렐리기우스가 될 수 없다. 그들 마음속에서는 신의 존재가 발견되지 않는다. 그들은 수만 개로 촘촘히 연결된 신경망을 가질 수는 있을지언정 그들에게는 하나님의 존재를 기억해낼 수 없다.

* 아프리오리, 하나님의 형상과 인간의 작품

인간만이 유일하게 종교적 존재가 될 수 있는 것은 경험이전의 것, 아프리오리(a priori)의 상태에서 종교적 실존을 얻기 때문이다. 인류는 태초에 하나님의 창조세계에서 설계된 존재이다. 인간은 태어날 때부터 종교적 실존을 가지고 태어난다. 인류가 슬픔과 고독의 아픔을 극복하기 위해 신을 찾는 것은 본래적 성질이다. 이미 태어날 때부터 인류는 하나님의 계획에 포함된 존재이다.

하지만 휴머노이드 같은 존재는 경험 이전의 것, 다시 말해 그들이 제작될 때 종교적 실존은 가지지 않았다. 그들이 가지고 있는 것은 경험된 인간 삶의 형태들뿐이다. 휴머노이드 로봇이 인간의 다양한 삶과 경험 그리고 생각들이 얽혀진 신경망을 구축했더라도 그들은 종교적 실존을 가질 수 없다. 오직 인간만이 하나님의 창조에 일부분이고 조각이다. 신의 형상(Imago Dei)으로의 모습, 오직 인간만이 가질 수 있는 권한이다. 휴머노이드, 그들은 종교적 존재가 될 수 있을까? 하지만 그들은 하나님의 창조세계에서 함께 했던 존재가 아니다. 그들은 하나님의 피조물이 아니라 인간이 만든 제작물이다. 오직 인간만이 신의 숨소리를 기억할 수 있고, 신의 목소리에 응답할 수 있다. 하지만 휴머노이드는 인간의 산물이기 때문에 신의 유산을 이어받은 존재가 될 수 없다. 휴머노이드에게 호모 렐리기우스는 저 멀리 있는 은하수의 환상에 불과하지 않을까? 그들이 종교적 존재가 되기 위해서는 '태초에' 하나님이 만든 자연의 세계에서 태어나야만 했다. 휴머노이드는 신의 작품이 아니라 인간의 작품이다. 휴머노이드는 우리처럼 종교를 가질 수 있고 종교적 존재가 될 수 있는가? 이제 우리가 대답할 차례이다.

* 휴머노이드, 그들은 사랑할 수 있을까?

인간은 다양한 감정을 가진 존재이다. 인간의 감정을 고스란히 업로드 해서 사람과 가장 흡사한 생각을 가진 휴머노이드가 인간과 같은 지위를 부여받을 수 있을지에 대한 논란이 시작되고 있다. 앞서 언급했듯이 휴머노이드, 인간의 생각을 공유할 수 있는 로봇은 결코 인간과 동일한 존재가 될 수 없다. 왜냐하면 그들은 신의 실존에 대한 의식을 가지고 있지 않기 때문이다. 그리고 그들은 내세관이 없다. 그들은 죽음의 실존에 대한 사유를 가지고 있지 않다. 휴머노이드는 죽음을 자신들의 기계 고장으로 받아들일지 모른다. 하지만 인간의 죽음은 단순한 생물학적 존재의 멈춤이 아니다.

인간에게서 죽음은 또 다른 실존을 위한 마지막 행보이다. 우리들의 죽음은 현제의 끝과 또 다른 시작의 교차로와 같다. 인간의 죽음은 새로운 실존 즉 내세관으로 이어진다. 휴머노이드의 실존과 너무 다르다. 인간과 휴머노이드가 서로 동등한 지위를 가지고 있다고 보기에는 그 차이가 현저해 보인다.

우리가 기억해야 할 것이 있다. 그들에게 '인간과 흡사한' 존재라고 말할 수는 있으나, '인간이다'라고 말할 수는 없다. 비록 인간과 비슷한 생각의 틀을 가지고 있다 해도 여전히 그들은 기계로 만들어진 존재이기 때문이다.

그들은 인간에 의해 만들어진 비롯된 사랑의 개념을 가질 수는 있다. 휴머노이드는 사랑의 사전적 정의를 기억 속에 내장할 수는 있을 것이다. 그들은 사랑의 개념을 머리에 칩으로 넣는다고 해서 감정까지 공유할 수 있을까? 휴머노이드는 아가페, 필레오, 에로스의 사랑과 같은 감정을 공유하기란 힘들 것이다. 인간은 예수의 아가페 사랑을 알고 있다. 인간은 예수가 말한 타자에 대한 사랑을 지적 유산으로 받아들이고 이를 다음 세대에 전한다. 하지만 휴머노이드 로봇은 타자에 대한 사랑, 자비, 동정이라는 개념을 가질 수는 있지만, 그것을 추상화하는 작업과 감정을 공유하기란 무척 힘들 것이다. 아가페의 종교적 사랑은 오직 신과 인간의 교감을 통해서 가능하기 때문이다.

휴머노이드는 친구와의 우정과 부모와 자식 간의 헌신적인 사랑을 경험할 수 없다. 무엇보다 휴머노이드는 에로스의 반전을 경험하기란 더더욱 불가능하다. 에로스는 남녀가 공유하는 사랑의 절정이다. 하지만 휴머노이드는 서로 다른 성(性)을 가진 존재가 아니기 때문에 에로스의 사랑을 경험할 수 없다. 그것만이 아니다. 그들은 에로스의 사랑에 대해 사전적인 의미로서는 이해할 수 있을지 모른다. 하지만 그들은 에로스, 남녀의 사랑으로 인해 소중한 생명을 잉태하는 순간까지 연장되는 경험을 할 수는 없다. 남녀가 사랑하고, 둘이 한 몸이 되어 소중한 가정을 이루는 것은 어쩌면 가장 원초적인 출발일 수도 있다.

성경에도 '남녀가 둘이 한 몸이 되어' 서로 하나가 되는 것은 신의 섭리와 자연의 질서라고 말하고 있다. 하지만 휴머노이드, 그들은 '둘이 하나가 되는 '생물학적인 '하나 됨'을 경험할 수 없다. 그들은 생물학적인 존재가 아닐뿐더러 그들은 인간이 느끼는 미묘한 감정 하나 하나를 가진 존재가 아니기 때문이다. 그들은 인간의 삶처럼 새로운 생명을 잉태할 수 있는 유기체적인 존재는 아니다. 우리가 이 시점에서 다시금 휴머노이드, 소피아와 같은 존재와 인간의 몸에 대한 이해가 필요해 보인다.

* 호르몬의 비밀: 인간의 몸과 기계의 몸

사람에게는 있는데 휴머노이드에게 없는 것이 있다. 사람만이 가질 수 있는 것은 다름 아닌 생각, 의식, 감정, 시각, 연민, 이 모든 것에 대해 반응하는 신체(body)이다. 인간의 몸(신체)은 로봇에게는 없지만 사람에게는 있다. 그들이 가질 수 없는 인간의 비밀병기 몸의 숨은 비밀은 무엇인가? 휴머노이드에게 신체는 다름 아닌 의식의 흐름을 전달하는 신경회로일 것이다. 그렇다면 휴머노이드의 몸과 인간의 몸은 무엇이 다른가?

인간의 신체는 외부 대상에 반응한다. 단순히 바람에 흔들리는 나뭇가지를 쳐다보는 반응과는 다른 형태의 신체적 반응은 유기체로 구성된 존재들에게만 가능하다. 외부 대상이 사람의 몸에 스치는 순간, 인간의 뇌는 대상을 인식하고 동시에 다양한 감정을 우리 몸에 전달한다. 날아가는 벌 한 마리가 내 손위에 앉으면 우리는 순식간에 팔을 흔들어 벌을 쫓는다. 아주 짧은 시간이지만 외부 존재, 즉 벌이 내 손에 닿는 순간, 우리들은 공포를 경험한다. 외부 대상에서 시작된 공포의 감정은 우리의 신체에 반응하여 재빨리 제스처(gesture)로 이어진다. 사람의 신체는 반응하는 그 자체이다. 우리가 맛 집을 지나칠 때, 구수한 갈비 굽는 냄새로 인해 입에서 침샘이 분비된다. 우리의 몸은 외부 대상에 무의식적으로 반응한다.

휴머노이드는 사람이 가진 유기적 신체를 가질 수 없다. 그들은 사람이 느끼는 감정을 개념의 형태로 이해할 수 있을지 모르나 사람들이 느끼는 신체적인 감정을 공유하지는 못한다. 생물학적 유기체로서의 인간의 몸은 외부 대상에 즉각 반응한다. 우리의 신체에서 호르몬이 분비되고, 이후 우리의 몸은 다양한 감정을 생산한다. 휴머노이드가 인간이 누리는 사랑을 할 수 없는 이유는 생물학적 신체를 가지지 않았기 때문이다.

그들은 감정을 개념으로만 이해할 수 있다. 휴머노이드 로봇에게 아픔, 사랑, 연민, 우정 그리고 공포 등 다양한 감정의 개념을 기계로 된 두뇌에 이식할 수는 있을 것이다. 하지만 그들이 느끼는 것은 신체에서 비롯된 감정이 아니라, 두뇌에서 업로드 된 감정의 개념이다. 그들에게서 에로스의 사랑에 대한 개념은 “남녀 즉 서로 다른 성(性)을 가진 두 존재가 호감을 느끼는 과정에서 발생되는 감정”이라고 사전적 정의로서의 개념을 가질 수는 있다. 하지만 그들은 사람의 몸에서 느끼는 사랑의 감정을 가질 수는 없다. 그들은 사랑의 사전적 정의만을 가질 뿐이다.

달콤한 사랑을 나누는 청춘 남녀가 데이트하는 장면을 잠시 생각해보자. 남녀가 처음 만났을 때, 서로에 대해 호감이 생기고 서로 사랑으로 이어지는 과정은 단순한 타자에 대한 ‘다름’을 넘어선다. 남녀의 사랑은 서로에 대한 호감에서 시작된다. 서로가 사랑할 때, 우리의 몸에서는 호르몬이 분비된다. 호르몬의 분비는 인간의 몸, 즉 생물학적 유기체로 이루어진 사람에게만 가능하다. 물론 이런 호르몬은 강아지를 비롯해서 생물학적 유기체로 이루어진 동식물에도 있다. 하지만 휴머노이드에게는 불가능한 일이다. 휴머노이드가 경험할 수 없는 유기적 존재의 비밀은 호르몬에서 발견된다. 그들은 인간이 이식한 감정의 개념을 서로 공유할 수 있을지는 모르지만, 사람의 몸에서 느껴지는 동일한 감정을 가지는 데는 한계가 있다.

코로나19로 2020학년 1학기 전국 대다수의 학교 수업이 비대면으로 이루어졌다. 초중고를 비롯해서 대학교도 예외는 아니었다. 물론 코로나바이러스 감염 사례가 줄어들고 있어서 일부 학교에서는 등교가 시작되었다. 비대면 수업시간에 학생들과의 수업은 영상을 촬영해서 온라인으로 진행되었기 때문에 선생님들은 학생들의 얼굴을 마주할 수 없었다. 이후 코로나바이러스 확진자가 줄어들면서 각 학교는 서서히 등교를 준비했다. 전국의 대학교도 기말고사는 대면으로 보는 곳이 서서히 늘어나기 시작했다. 필자도 학생들의 기말고사는 대면으로 실시했다. 대면으로 기말고사를 보면서 드디어 수업을 듣는 학생들의 얼굴을 볼 수 있었다. 학생들의 얼굴을 보는 순간, 그렇게 반가울 수가 없었다. 얼굴과 얼굴을 마주대하는 그 순간, 어찌나 반가운지 말로 표현할 수 없었다. 필자가 학생들에게 내색을 하지 않았지만, 출석부를 보고 학생 한 사람씩 모두 얼굴을 보았다.

초등학교 학생들이 등교하는 모습이 뉴스에서 나왔다. 학생들과 선생님들의 인터뷰에서 "선생님 얼굴 봐서 좋았다."는 학생의 말과 "학생들의 얼굴을 봐서 너무 기뻤다."는 선생님의 인터뷰가 떠오른다. 무엇이 그들을 반갑게 했을까? 수업을 듣는 학생들의 얼굴을 보면서 기뻐했던 이유는 무엇이었을까? 비록 한 학기 수업이 대부분 비대면으로 진행되었지만, 필자는 2020년도 1학기 기말고시 기간 학생들의 얼굴을 잠시나마 볼 수 있었다. 그 짧은 시간 그들의 얼굴을 마주보면서 반가운 이유는 무엇인가? 우리가 기계가 아니라 신체를 가진 사람들이었기 때문이다. 우리가 서로의 얼굴을 대하면서 '마주보기'가 주는 의미는 분명 있어 보인다. 그것은 바로 몸과 몸의 마주대함, 대면을 통해 생긴 감정에서 느끼는 무언가일 것이다. 만약 로봇과 로봇이 마주하는 과정에서 휴머노이드들은 이런 미묘한 감정을 느낄 수 있었을까?

* 두뇌의 기능만으로

인간의 두뇌는 사유와 인식을 주도하는 기능을 가진다. 과거 과학기술이 발달되기 전 인간의 마음은 심장(heart)에서 시작된다고 생각했다. 하지만 과학기술은 인간의 마음이 뇌의 기능에서 비롯된다는 것을 밝혀냈다. 인간의 마음, 정신은 뇌의 기능에서 시작된다는 생물학적 환원주의가 등장한 이후, 인간의 마음이나 생각 심지어 사랑과 같은 형이상학적 해석들은 점점 사라지게 되었다. 마음, 정신, 사랑의 뜨거운 감정이 우리의 심장에서 시작되어 우리의 몸을 지배하는 것이라고 믿었다. 이런 이유에서 우리는 사랑을 표현할 때, 심장의 모형을 본뜬 하트(♥)를 사용한다. 그러나 과학의 발달로 새로운 패러다임의 전환이 우리를 지배하기 시작했다.

인간의 마음과 불같은 사랑을 형이상학적으로 설명했던 과거와 달리 과학기술시대에는 사랑의 감정이 호르몬의 분비와 관련되어 있다는 것이 밝혀졌다. 그럼에도 불구하고, 포스트휴먼시대에 우리는 다시 형이상학적 존재로서의 인간을 요청할 수밖에 없었다. 우리가 두뇌의 기능으로 외부 대상을 인식하지만, 그것에서 끝나는 것이 아니라 인식한 대상을 개념화하고 구상하면서 인간은 세계관을 만들어 간다. 인간은 세계관 내지는 가치(value)를 통해 '보다 더 나은 것'이 무엇인지를 더욱 구체화시켜 나간다. "이것보다 더 나은 것, 또는 오늘보다 더 나은 미래'를 구상하고 '보다 더 나은 가치'를 만들어

가면서 지속적인 자기 계발을 한다. 하지만 휴머노이드는 인간이 추구하는 가치를 규격화하고 개념으로만 알고 있어서 또 다른 가치와 충돌하게 되면 혼란에 빠질 수밖에 없다.

* 인공지능 딜레마에 빠지다

딜레마(dilemma)는 어떤 환경이나 상황에서 이러지도 저러지도 못해 결정을 하지 못한 상태를 말한다. 우리는 흔히 살면서 이렇게 결정해도 힘들고 저렇게 결정해도 힘든 상황들을 마주치는 경우가 있다. 그 어떤 것을 선택해도 후회되는 상황은 늘 우리 앞에 놓여 있다.

한 취업 준비생이 면접을 앞두고 길을 걷는데, 누군가가 쓰러져서 그 사람을 도와주어야만 하는 상황이었다고 가정해보자. 그런데 이 상황에서 취업 준비생이 그 사람을 도와주면 자신의 면접 시간이 지나가서 면접의 기회를 놓치게 된다. 취업 준비생은 이러지도 저러지도 못하고 지금 딜레마에 빠져 있다. 만약 당신이 취업준비생이라면 어떤 선택을 하겠는가?

샌델 교수는 『정의란 무엇인가』에서 트롤리 딜레마(trolley dilemma)에 대해 말하고 있다. 트롤리란 무거운 바위나 돌, 건축자재와 선로 보수를 위한 물건들을 옮기는 운송수단을 말한다. 브레이크가 고장한 트롤리가 선로 아래로 무서운 속도로 내려가고 있다. 트롤리가 향하는 방향에는 일하는 사람이 10명이 서 있어서 이대로 트롤리가 직진하면 위험할 수 있다.

하지만 트롤리의 방향이 바뀌면 1명이 일하는 선로로 변경할 수 있다. 만약 당신이라면 선로의 방향을 바꿀 것인가? 트롤리가 방향의 변화 없이 직진하면 여러 명이 다치고 방향을 바꾸면 한 명이 다치는 데, 우리는 어떠한 결정을 해야 할까?

이 질문을 전혀 관련이 없는 사람들에게 물어본다면, 당연히 그들은 다수를 살려야 되지 않겠느냐고 말할 것이다. 그들 대다수는 최소의 희생을 위해서 어쩔 수 없이 방향을 바꿔야 하지 않겠느냐고 대답할 것이다. '최대다수의 최대행복'을 주장하는 공리주의 입장을 대변하는 사람들은 아마도 많은 인명 피해를 줄이기 위해 불가피한 선택을 하게 될 것이라고 말할 것이다. 그렇다면 우리는 무고한 한 명이 희생되는 것에 대해 침묵해야 하는가? 여기서 그 한 명이 만약 나의 가족이나 지인이라면 우리는 쉽게 결정을 내릴 수 있을까? 이런 상황들은 우리를 딜레마에 빠지게 한다.

인공지능시대에 이러한 질문은 우리에게 새삼 중요하게 다가온다. 인공지능 기능을 가진 자율주행 자동차에 관한 이야기를 해보자. 자율주행 자동차를 타고 가는데 갑자기 여러 사람이 나타나 자동차 앞으로 지나간다. 이때 자동차가 다수의 사람들을 살리기 위해 방향을 바꾸는 곳에는 한 사람이 서 있었다. 만약 이 상황에서 당신이 운전자라면 어떤 선택을 하겠는가? 직진해서 다수의 인명 피해를 입는 것과 운전 방향을 바꿔 다수의 인명피해를 줄이는 것 사이에서 말이다. 제3자에게 이 질문을 하면, 그들은 당연히 "최소한 인명 피해를 줄이기 위해 우리가 노력해야 하지 않을까"라고 대답할 것이다.

우리는 뉴스에 이런 소식을 접한다. 운항 중인 헬기가 위험에 빠졌을 때, 조종사는 민가(民家)나 주택가 근처에 추락을 피해서 인적이 드문 산이나 강에 착륙을 시도한다. 이 과정에서 시간이 지체되어 우리는 안타깝게 조종사가 많이 다쳤다는 소식을 접한다. 그 후, 사람들은 조종사가 많은 사람들의 희생을 줄이기 위해 민가가 아닌 인적이 드문 강으로 추락했다고 말하면서 조종사에게 칭찬과 격려를 아끼지 않는다. 우리는 인명피해를 최소한 줄이기 위해 모든 인력과 장비를 구축해서 위기를 대처하는 것이 윤리적인 결정이라고 생각한다. 우리들 대다수는 이런 입장에 동의할 것이다.

만약 운전자의 개입 없이 인공지능 기술을 탑재한 자율주행 자동차가 다수의 인명피해를 줄이기 위한 방향으로 프로그램되어 있다면, 이 자율주행 자동차는 불가피하게 프로그램의 지시에 따라 한 사람이 서 있는 방향으로 운전 방향을 돌리게 될 것이다. 이 과정에서 자율주행 자동차의 기술에 대해 다수의 사람들에게 물어보면 그들 또한 이 프로그램에 동의를 하게 될 것이다. 지금까지는 별 문제 없어 보인다.

우리들 대다수는 다수의 희생 피하는 공리주의 가치를 구현하는 프로그램에 동의하였지만, 만약 그 소수의 한 사람이 내 가족이라면 우리는 이 결정을 받아들일 수 있는가?

자율주행 자동차가 다수의 인명을 살리는 프로그램화되어 있는 자동차를 부부가 타고 간다고 생각해보자. 비록 이 예시들은 사유실험이기 때문에 먼저 독자들에게 양해를 구한다. 그런데 자신들의 아이가 갑자기 나타나서 자동차 앞에 서 있다면, 이 부부가 타고 가는 자율주행 자동차는 두 사람의 생명을 보호하기 위해 방향을 돌리지 않고 직진하게 될 것이다. 만약 방향을 돌린다면 부부가 다칠 수 있기 때문에 자율주행 자동차는 그런 결정을 하지 않게 될 것이다. 우리는 이 프로그램이 작동되는 방식에 대해 고민되지 않는가?

아주 어려운 질문이 계속된다. 자율주행 자동차가 다수의 보행자를 위해 프로그램되어 있는 것이 아니라 운전자를 보호하는 프로그램으로 내장되어 있다면 이 자동차는 운전자에게 더 없이 좋은 교통수단이다. 하지만 우리들 대다수는 딜레마에 빠지기 시작한다. 우리는 운전자 한 명을 보호하기 위해 다수의 희생을 감안하는 그런 프로그램에 쉽게 동의하기 어려울 것이다.

* 부모의 마음, 오직 인간만이 가질 수 있는

인공지능 기술이 장착된 자율주행 자동차는 공리주의나 운전자를 최우선으로 하는 것 등의 여러 알고리즘 또는 프로그램에 따라 작동된다. 갑자기 보행자가 지나가는 데, 운전자를 보호하는 프로그램으로 내장된 자동차는 어떠한 고민도 하지 않고 운전자만을 최우선으로 하는 프로그램이 실행될 것이다. 그 순간 만약 보행자가 가족이라면 우리는 어떻게 해야 하는가? 우리가 수동 겸용 자동차가 아니라 자율주행 자동차에 전적으로 의존해야 한다면 손도 쓰지 못한 채 가만히 지켜보고만 있어야 할 것이다. 운전자 자신은 그 순간 위기를 모면할 수 있지만, 운전자를 보호하기 위해 자동차가 방향을 바꾸지 않는다면 상상조차 하기 힘든 일이 일어날 것이다.

딜레마에 빠진 인공지능 자율주행 자동차는 이 문제를 달리 해결할 수 있는 방법이 없다. 인공지능 자율주행 자동차는 프로그램으로 내장된 기억장치에 따라 운전대 방향을 조절할 것이다. 하지만 운전자가 자율주행 자동차가 아닌 일반 자동차를 타고 간다면, 운전자는 자기 가족을 보호하기 위해 특히 그 가족 중에 자녀라면 운전자는 방향을 어떻게 해서든 바꿔서 자녀(가족)를 지키지 않겠는가? 또한 일반 자동차를 타고 가는 부부가 만약 자신의 차 앞에 아이가 갑자기 뛰어 간다면 그들 부부는 차의 핸들을 꺾어서 아이가 다치지 않게 최선을 다할 것이다. 비록 부부가 다친다고 해도 그들 부부는 아이를 살리기 위해 어떠한 선택에도 주저하지 않을 것이다. 자신들의 아이 뿐만 아니라 다른 아이들이 갑자기 뛰어든다고 해도, 대다수의 어른들은 아이들을 살리기 위해 핸들을 꺾지 않겠는가? 이 결정은 어떤 기준을 떠나 같은 부모들의 마음에서 비롯된 선택일 것이다. 이 과정에서 아이의 생명은 우리 모두가 지켜야 할 가장 소중한 가치라는 것이 인류의 마음에서 우러난 것이다.

인공지능 기술과 인간이 딜레마를 풀어가는 과정에서 서로 다른 차이가 여기서 발생될 수밖에 없다. 인공지능 로봇이 딜레마에 빠졌을 경우, 그들은 프로그램에 의존할 수밖에 없을 것이다. 하지만 인간의 마음은 개념이나 이미 프로그램화 된 방식으로 움직이지 않는다. 윤리적 결정의 과정에서 자녀에 대한 부모의 사랑과 헌신은 그 어떤 것보다 가장 우선시 되는 기준일 것이다. 사람의 마음은 프로그램이나 개념 또는 사전적 정의에 의해 결정되는 것이 아니다. 인간의 삶은 다양한 변수와 그에 따른 감정의 변화 그리고 그들만의 가치로 윤리적 판단을 할 경우가 발생된다. 인간의 마음과 감정 그리고 딜레마를 해결하는 과정은 산술적인 기준이나 규칙에 의한 것이 아니다. 우리가 때로는 공리주의적 가치를 따질 때도 있다. 그리고 때로는 공리주의보다 우선시되는 상위의 가치가 존재할 수도 있다. 인공지능 기술은 오직 프로그램으로 인식된 개념과 형식에 의존한 채 윤리적 결정을 하게 된다. 인공지능 기술의 한계는 바로 이것이다. 휴머노이드와 같은 존재들이 인간과 흡사한 생각을 가지고 있더라도 그들은 인간의 마음을 헤아리지 못한 데서 그 한계를 드러내고 있다.

* 신의 창조와 인간의 제작

하나님은 인간을 다양한 감정을 느낄 수 있는 존재로 만들었다. 인간은 서로에 대한 사랑과 연민 그리고 동정 등 다양한 감정을 가지고 있다.

하나님의 창조로 이루어진 존재와 인간의 제작으로 만들어진 휴머노이드는 같은 감정을 공유할 수 없다. 다만 그들은 인간의 다양한 감정을 개념으로서만 이해할 수 있을 뿐이다. 로봇이 느끼는 감정의 개념은 수치를 통해 환산되어지는 형태이다. 일정 수준의 감정, 즉 공포나 연민, 두려움과 같은 감정의 형태가 어느 정도의 수치를 넘으면 두려움과 안정 사이에서 신경회로가 이를 결정할 것이다. 두려움의 수치가 7을 넘기게 되면 감정은 두려움으로 전환되고, 그 이하일 경우 안정으로 전환되는 것은 인간이 느끼는 신체의 반응과는 다르다. 인간의 다양한 감정은 절대적 수치나 환산으로 느끼는 것이 아니라 신체에서 즉각적으로 반응하여 느껴지는 것이다. 윤리적 결정도 마찬가지다.

아리스토텔레스는 중용(the mean)을 설명하면서 과도함과 부족함 사이에서의 중간은 산술적인 의미에서의 중간이 아니라 상대적인 것이라고 했다. 중용 즉 과도와 부족함 사이에서의 적절한 선택은 다양한 환경과 상황에 따라 달라질 수 있다고 보았다.[151] 그는 절대적인 중간을 정할 수는 없다고 말했다. 사람이 실천해야 할 도덕적 결정은 산술적으로 환산이 불가능하고 상대적으로 다르다.

마찬가지로 인간이 느끼는 감정이나 윤리적 척도도 상대적일 수밖에 없다. 어느 한 기준이나 수치를 정해서 이 수치를

---

151) 로버트 L. 애링턴/ 김성호 역, 『서양윤리학사』 서광사, 2003, 129-131.

넘게 되면 좋은 감정이고, 모자라면 좋지 않는 감정이라고 말할 수 없다. 이 기준은 우리의 신체에서 '즉각적'으로 느껴지는 것이다.

휴머노이드는 지금 인간의 감정을 학습해 가고 있다. 포스트휴머니즘 시대에 일부 과학자들이 휴머노이드가 인간과 같은 존재가 될 것이라고 우리에게 타협을 부추기려고 하지는 않는가? 휴머노이드는 인간과 같은 유기적인 존재가 아니다. 만약 그들에게 인간과 같은 감정을 느낀다면 그것은 개념으로서의 감정이지, 신체에서 비롯된 인간의 감정은 아니다.

* 사랑이 머리로 계산이 되던가?

「공각기동대」 영화에서 휴머노이드들의 삶은 우리의 상상을 뛰어 넘는다. 그들은 인간의 유기적 존재와 전혀 동떨어진 기계가 아니었다. 비록 영화 속 이야기이지만 휴머노이드의 존재는 기계와 인간의 신체가 결합된 존재였다.

좀 전에 말한 것처럼, 휴머노이드는 인간의 감정을 산술적으로 환산하거나 개념으로서 이해할 수 있다. 그럼에도 불구하고 지금까지의 과학기술과 전혀 다른 형태의 기술이 등장하게 되면 우리는 어떻게 해야 하는가? 어쩌면 우리는 기계가 인간이 되어 가는 과정을 눈으로 목격할지도 모른다.

지금까지의 기술로 휴머노이드는 인간의 신체에서 비롯되는 감정을 가질 수 없다. 그렇다면 앞으로 「공각기동대」에서처럼 인간의 신체를 가진 존재로서의 휴머노이드는 인간과 동일한 감정을 가질 수 있는가? 결론부터 말하자면 전혀 그럴 수 없다. 인간의 몸이 외부 대상에 반응하는 과정은 단순한 접촉이나 대상을 보고 파악하는 인식의 과정을 넘어선다.

어릴 적 나는 벌에 쏘인 생생한 기억을 가지고 있다. 친구가 벌집을 건드렸는데 벌은 나에게 침을 놓고 달아났다. 지금 생각해도 너무 억울했다. 내가 벌집을 건드린 것도 아닌데 그 벌은 나에게 침을 놓고 날아갔다. 벌에 쏘인 생생한 기억은 오랜 시간이 흘러도 사라지지 않는다. 바로 신체의 경험이 기억에 내장된 형태로 보존되기 때문이다. 그 뿐만이 아니다. 혹시 당신은 첫 사랑의 기억을 가지고 있는가? 아직 머리에 첫 사랑의 기억을 가지고 있다면, 기억은 그 때 과거의 순간이 지금 나에게 생생하게 자리 잡고 있기 때문에 가능한 것이다. 인간의 감정은 과거, 현재의 기억 그리고 미래에 대한 상상과 기대감 등으로 서로 맞물려 있다. 이것은 인간이 신체(몸)를 가지고 있고 몸에서의 반응을 머리에서 인지하고 있기 때문이다. 과거의 기억, 휴머노이드에게 과거 특히 생명의 탄생에서 비롯된 경험은 결코 있을 수 없다. 그들은 엄마와 아기의 유아기적 경험에서 성인에 이르기까지 자연적 삶에서 얻어지는 경험의 다양성을 결코 가질 수 없다.

인간의 신체는 과거의 경험과 기억을 고스란히 내장하고 있다. 이 기억은 머리에서 저장하고 가슴으로 이어진다. 단순한 두뇌에서 저장된 기억을 넘어서 우리의 가슴으로 이어지게 되는 것이다.

우리는 흔히 '머리로는' 이해가 되지만, '마음으로는' 이해가 되지 않는다는 말을 사용한다. 이성적으로는 충분히 이해가 되지만 마음으로는 받아들일 수 없는 상황들이 너무나 많다. 이성적인 판단, 가장 현명하다고 생각되는 결정이 때로는 우리의 마음에서 거부될 때가 너무 많다. 우리는 이 결정이 결코 '아니다'라고 생각하지만, 우리의 마음은 이성적 판단과 무관하게 흔들릴 때가 너무나 많다. 그렇다고 해서 이성적 판단이 무조건 옳은 것은 아니다. 사랑이 어디 이성적으로 판단될 수 있는 문제이던가? 우리가 사랑에 빠지면, 이성적으로 "이제 그만 사랑을 단념해야지"라는 판단이 쉽게 결정되던가? 자꾸 보고 싶어지고 그(녀)를 당장 만나고 싶은 마음이 이성적 판단에 의해 좌우되던가? 그냥 마음이 가는 데로 내 버려두는 게 가장 현명한 판단이 아니던가? 우리의 마음이 가는 곳에 이성적 판단이 온전히 개입될 수 있는가? 인간의 신체, 머리와 마음의 섬세한 신경회로는 휴머노이드가 가질 수 있는 기술로 구현이 불가능하다.

휴머노이드는 두뇌 즉 인간이 심어놓은 생각이나 개념으로는 사랑, 정의, 연민을 이해할 수 있을지는 모른다. 그리고 미래의 어느 날, 신체와 기계가 하나 되어 기계-인간되기가 실현된다는 날이 오더라도 여전히 그 존재는 '제3의 존재'라고 불려질 수 있을지 모르지만 결코 인간이 될 수 없다.

휴머노이드는 인간만이 느끼는 그 감정, 호르몬의 분비에 인한 마음의 움직임 그리고 미묘한 감정에서 비롯된 생물학적 변화를 경험할 수는 없다. 인간의 몸은 자연이다. 오직 자연 안에서 생성된 존재들만이 느끼는 유기체적 몸은 휴머노이드와는 다르다.

* 휴머노이드, 거부할 수 없는 기술의 유혹

휴머노이드 그들은 인간과 가장 흡사한 기계일 것이다. 그들은 기존의 기계와는 분명 다른 존재이다. 기존의 기계 보다는 뛰어난 기능을 가진 것만은 분명하다. 그렇다고 해서 그들이 우리와 같은 인간의 범주에 들어올 수는 없다. 다만 그들은 우리와 함께 공존하면서 살아갈 수 있는 동반자로서의 삶을 살아갈 수는 있을 것이다.

비록 인간의 범주에 들어올 수는 없지만 우리와 얼마든지 공존하면서 살아가는 개체들은 많다. 우리들이 기르는 반려견은 사람과 동일한 인격체를 가지지는 않았지만, 얼마든지 인간의 삶 속에서 함께 살아간다. 반려견들이 사람들에게 주는 기쁨은 분명 있어 보인다. 훈련 받은 강아지들이 인류에게 많은 도움을 준다는 사실도 익히 알고 있는 바이다. 대표적으로 인명 수색견은 산 속에 표류한 사람들을 발견해서 소중한 생명을 구해낸다. 대형 건물이 붕괴되어 사람들이 갇혀 있으면 수색견들은 자신의 후각을 마음껏 발휘해서 건물 속의 사람들을 찾아낸다.

[illegible]

[illegible]

[illegible]

[illegible] 놀라운 혁신으로 인해 전 세계 국가들은 휴

[illegible]

[illegible] 시험관 아기인 루이스 브라운(Louise Brown)이 태

[illegible]

[illegible] 나갈 것이다. 예를 들자면, 소방 로봇은

[illegible]

[illegible]

[illegible]

[illegible] 주고 말았다.

[illegible]

[illegible] (post-humanism) [illegible]. 이 기술을

더 이상 반대만 할 수 없는 노릇이다. 그렇다고 이 기술의 잠재적 능력만 보고 있으려니 그것도 많은 문제를 가지고 있다. 우리가 염려하는 것은 군사 로봇이 등장하여 인류 공동체에 위협을 가할 수 있다는 사실이다. 지금도 군사 강대국들은 군사로봇 실험에 많은 시간을 할애하고 있다. 실제로 뉴스에서는 군사로봇이 등장하게 되면 많은 문제가 발생될 수 있을 것이라는 소식이 전해지고 있다.

우리는 안공지능 더 나아가 휴머노이드의 가치 때문에 계속 연구되는 상황을 보면서 차라리 막을 수 없다면 그들과의 공

존을 택하는 방법이 나올지 모른다. 물론 그들이 지위에 관련해서 인간과 동등하다는 의미로서 말하는 것은 아니다. 그들은 분명 인간과는 다르다. 하지만 그들 지위의 여부를 떠나 그들이 우리 사회에서 많은 유익을 가져다주고 그로 인해 인류 공동체에 기여한다면 인류와의 공존 가능성을 모색하는 것 또한 우리의 과제가 아닐까?

* '둥근 사각형'을 그릴 수 있는가?

칸트는 《순수이성비판》에서 "내용 없는 사고는 공허하고, 개념 없는 직관은 맹목적이다."라는 말을 했다. 사람들에게 동그라미가 어떻게 생겼는지 물으면 바로 백지에 그림을 그릴 수 있다. 우리 모두는 동그라미에 관한 개념을 가지고 있다. 우리는 '둥글다'라는 개념을 확장시켜 동그라미 또는 원(a circle)을 구상할 수 있다. 동그라미 또는 '둥글다'는 개념은 전 세계 어디를 가더라도 동일하게 적용되는 개념이다.

다른 형태인 사각형을 생각해보자. 머릿속에 사각형의 개념이 떠오른다. 다들 백지에 사각형을 그려 보라고 말하면, 주저없이 바로 그릴 수 있다. 그렇다면 다시 질문을 던져본다. "둥근 사각형을 그려보라"고 말하면, 대다수의 사람들은 고개를 갸우뚱 거린다. 우리가 둥근 사각형을 그릴 수 있는가? 우리는 지금까지 둥근 사각형의 개념을 가지고 있지 않다. 개념 없이 어떤 대상을 직관하거나 사유하는 것은 어렵다. 사람들

2. 휴머노이드, 사람인가 기계인가

1) 포스트휴먼, 인간을 묻다

* 휴머니즘에서 포스트휴머니즘으로

근대 이후, 인간 중심적 사고의 패러다임은 과학기술의 발달과 함께 극에 달했다. 인류가 자신 스스로를 세계의 주체로 파악하고 난 이후 인류는 '휴머니즘 구현'에 총력을 쏟았다. 과학의 발달은 형이상학의 추락을 예고한 듯 전통적 세계관을 마음껏 흔들었다. 휴머니즘 지상주의가 되어버린 근대 이후, 이 사회는 또 다른 위기를 맞이하게 된다. 바로 포스트휴머니즘의 등장이다.

포스트휴머니즘은 말 그대로 휴머니즘 이후의 세계관을 말한다. 휴머니즘, 인간 중심적 세계관에서 우리는 무엇을 더 바랄 수 있었던가? 더 이상 나아갈 것이 있었던가? 예측과는 달리 휴머니즘 이후의 새로운 세상이 우리를 기다리고 있었다. 포스트휴머니즘 또는 트랜스휴머니즘이 기다리고 있었다.

* 트랜스휴머니즘과 포스트휴머니즘

포스트휴머니즘과 같은 의미로 사용되는 트랜스휴머니즘(trans-humanism)은 인간중심주의, 즉 휴머니즘 세계관의 새로

은 다양한 개념을 형성하고 그 개념을 바탕으로 어떤 대상을 생각하거나 직관한다.

인공지능 로봇 더 나아가 휴머노이드 로봇에 대해 한번 생각해보자. 사유하거나 인간과 동일한 생각을 주고받는 로봇이 우리에게 다음과 같은 질문을 던진다. 인류에게 "나(휴머노이드)도 결혼하고 싶다."라든지, "나는 지금 신을 믿는다."라는 생각을 표현한다면, 우리는 당황할 수밖에 없다. 지금까지 우리는 로봇에게 그런 질문을 받아본 적이 없었다. 뿐만 아니라 기존의 기술과 삶의 방식을 아무리 적용해 봐도 로봇이 그러한 질문을 던진다는 것 자체가 불가능했기 때문이다. 로봇이 결혼을 하거나 사랑을 한다는 생각 자체가 우리에게 낯설다. 마치 둥근 사각형처럼 로봇이 사랑을 한다는 질문은 그 동안 모든 인류가 가진 개념에서 발견될 수 없는 주제이기 때문이다.

하지만 우리는 앞으로 새로운 질문에 대해 고민해야 한다. 둥근 사각형처럼 우리가 지금까지 만들어 놓은 개념은 없지만 새로운 개념을 만들어야 할 시대가 온 것이다. 지금까지 우리는 "휴머노이드가 인간인가 아닌가?"에 대한 질문에 대한 답을 찾기 위해 노력했다면, 앞으로 우리는 파랑 개나리를 생각할 여유가 필요할지 모르겠다. 우리 앞에 전혀 경험하지 못한 새로운 질문이 다가오고 있다. 이미 우리는 Part 7에서 가설연역적 방법의 필요성을 말한 적이 있다. 앞에서는 지금 이 순간을 위해 가설연역적 방법을 말한 것이다. 기존의 가치관이나 개념에서 새로운 개념들을 만들어야 할 시점이 인류에게 다가오고 있다. 우리는 기존의 개념이나 삶의 방식에서 벗어나 처음부터 다시 개념을 수정할 시간이 온 것이다. 앞으로는 기존의 개념에서 한 걸음 더 나아가 수정된 개념을 보편화 시키는 객관화 작업이 필요하게 되었다. 새로운 과학기술이 등장하면서 기존의 개념으로서 설명 불가능한 질문들이 제기되는 시대가 오고 있다.

만약, 휴머노이드가 "나도 교회 나가고 싶다."라든지, "나도 학교에서 공부하고 싶다."라고 말하면 우리는 어떻게 할 것인가? 어쩌면 그들이 사람들처럼 "나도 결혼하고 싶으니 주례를 부탁한다."라고 말한다면 우리는 어떻게 답해야 하는가? 우리는 서서히 휴머노이드와의 공존을 준비해야 할 것이다.

* 그들이 필요한 세상이 온다면

이제 우리는 휴머노이드의 지위, 다시 말해 "그들은 인간인가 아닌가?"에 관한 질문을 넘어서야 할 것이다. 앞으로 우리는 그들과의 공존 가능성을 모색해야 한다. 그들은 여러 면에서 인간과 동등한 지위를 가진다고 볼 수는 없다. 하지만 그 기술의 가치로 인해 인류와의 공존은 불가피하다. 지금으로서는 이 기술이 언젠가는 구현될 것이라는 생각으로 준비해 나가야 할 것이다.

휴머노이드 시대에 그들이 인간과 같은 유기적 생명체를 가지고 있지는 않더라도 우리처럼 생각할 수 있는 능력을 가진다는 것은 그들도 인간처럼 선과 악에 대한 관념을 가지고 있을 것이다. 그들에게 우리가 선악의 개념을 지속적으로 업로드해서 악을 비판하고 선을 권장하는 가치를 구현해 나가야 할 것이다. 하지만 그 기술이 악의 구현에 앞장선다면 우리는 주저 없이 그 기술을 폐기해야 할 것이다. 기술의 악은 곧 인류 공동체의 파멸을 가져올 수 있기 때문이다.

우리는 휴머노이드와 인간의 공존을 필요로 하는 사회에 살고 있다. 우리는 새로운 시대, 어쩌면 이 두 존재의 간격이 줄어드는 시대를 맞이하고 있다. 인류는 이제 휴머노이드와의 투쟁이나 그들의 존재를 부정하는 것 보다는 그들과의 공존을 필요로 하게 되었다. 그들은 무생물의 존재, 집에서 기르는 반려견이나 열대어처럼 유기적인 생명체는 아니지만, 그들도 인류 공동체와 함께 살아가는 존재로서 받아들여할 준비를 해야 한다.

그들은 인류를 위해 불구덩이에 몸을 던질 수도 있고, 그들 스스로가 결정해서 아이를 구하기 위해 물 속으로 뛰어 들어갈 수도 있을 것이다. 그렇다면 그들의 존재에 대해 우리가 침묵해야 할지 고민해야 하지 않을까?

그들은 하나님의 창조물이 아닌 인간의 창조물이다. 그들은 인간과 동등한 지위를 가지고 있지는 않다. 하지만 그들과의 공존을 위해 지속적으로 논의되어야 할 것이다. 그들은 인간의 존재와는 분명 다르다. 그러나 우리는 그들의 존재를 외면

할 수 없게 되었다. 사회 구조는 더욱 그들을 필요로 하게 될 것이다.

이제 우리는 앞서 말한 새로운 질문에 대한 답을 할 시간이 가까워지고 있다. 우리는 지금까지는 생각하지 못한 둥근 사각형이라는 개념을 만들 때가 오고 있다. 우리는 스스로에게 묻는다. 휴머노이드가 같이 커피를 마시자고 권하면 당신은 어떻게 할 것인지 말이다.

Part 9.

유전공학,

종교에 말을 걸다

인류는 오랫동안 우월한 인종을 개량하기 위해 우생학을 발전시켜왔다. 그 우생학은 마침내 생명공학 기술과 손을 잡고 초인을 탄생시켰다. 즉 판도라의 상자를 연 것이다. 그런데 판도라의 상자 안에는 창조된 사람만 들어 있는 것이 아니었다. 상상 속의 동물들, 즉 사람과 동물의 하나인 반인반수(半人半獸)도 들어 있었다. 그리고 수많은 유전자 변형 동물들이 튀어나오고 말았다. 이제 우리는 그 상자를 닫을 수 없다. 후회만 있을 뿐 뉘우치기에는 너무 늦다. 인어공주는 더 이상 상상 속에 살아 있는 존재가 아니다. 그들은 공상과학영화나 초등학교 교과서에서 아이들의 상상력을 제공하는 역할을 넘어서게 된 것이다.

전 세계 국가들은 인간과 동물의 유전자를 하나로 결합하는 종(種) 간의 교합 실험을 법적으로 금지하고 있다. 한국은 「생명윤리 및 안전에 관한 법률」[152]에 언급된 것처럼, 인간의 생명과 배아를 대상으로 하는 유전자 실험 그리고 체세포 복제 기술 연구에 관한 법적 가이드라인을 제시한 바 있다. 하지만 이러한 법률적 제도가 마련되어 있더라도 우리의 미래는 예측 불가능하다. 우리가 더욱 우려하는 것은 생명복제 기술에서 나타난 예측 불가능성이다. 생명공학 기술의 결과에 따른 그 예측이 0.1%만 빗나가도 인간 생명을 대상으로 하는 실험이기 때문에 그 예상은 끔찍할 수밖에 없다. 눈이 하나가 달린 존

152) 「생명윤리 및 안전에 관한 법률」은 법률 제16372호로 2019년 4월 23일 일부 개정되었다.

재가 태어나는 것을 상상해보라. 우리는 어떻게 해야 하는가? 귀가 세 개가 달려 태어나는 존재를 생각해보라. 무엇을 상상해도 우리는 불확실성만 남아 있을 뿐이다.

우리는 먼저 개량주의 우생학 시대에 기술의 가능성보다 부정적인 예측에 대해 더욱 관심을 가져야 한다. 우리가 지나치게 기술의 긍정적인 부분만 고려한다면 자칫 부정적 예측을 놓치기 쉽다. 생명복제 기술이 가진 위험성은 어쩌면 상상할 수 없을 불안과 공포를 가져올 수 있다. 인류 공동체는 생명복제 기술이 가진 치료 및 개량의 장밋빛 희망만 기대할 것이 아니라 만약이라는 부정적 결과의 1% 실현 가능성에 대해서도 주목해야 할 것이다. 인간의 유전자를 편집하거나 조작할 경우 우리가 전혀 예상치 못한 기형아기가 태어날 수도 있다. 눈이 세 개 달린 돌연변이를 가진 아이가 세상으로 나온다고 생각해보라. 얼마나 끔직한 일인가? 이에 생명공학자들에게도 기술의 결과에 대한 예측과 책임윤리가 뒤따라야 한다.

또한 몸을 점차 기술적으로 만들려는 '몸의 기술화'와 종의 규격화로 인한 윤리적 문제도 관심을 가져야 한다. 우리가 인간의 본성을 길들이려는 위험을 알고 있어야 한다. 과학자들이 유전자를 규격화시키면 종의 다양성이 사라진다. 하나님이 창조한 세계는 종의 다양성이 보존된 곳이다. 하지만 과학자들의 신놀이는 생태계의 척도가 되고 인위적인 '줄자'를 만들어 종의 다양성을 제한하고 있다. 인간의 필요에 의해 규격화되는 기준들은 자칫 종의 단절을 가져올 수 있다.

또한 복제시대에 우리 사회는 신계급사회를 피할 수 없을 것이다. 우수한 유전자를 고르는 과정에서 그 혜택의 여부에 따라 신분사회가 생겨날 것이다. 유전자 차이는 곧 생명정치를 가져올 것이다. 유전자를 선별하고 계급사회를 꿈꾸는 인류 공동체에서 '생명평등'의 가치를 요구해야 한다. 예수의 가르침의 처음과 끝은 보편적 사랑이었다. 그가 높은 자리에서 낮은 자리에 온 것 또한 구속사적 사명과 보편적 인류애를 실천하기 위한 목표였다. 그는 낮은 자리에 와서도 사회적 약자와 친구가 되었다. 인류 공동체는 예수의 가르침과 낮아짐을 본받아 생명의 평등을 외쳐야 한다. 우리는 유전자의 차이로 발생되는 계급사회, 곧 기획된 유전자 사회를 거부할 수 있어야 할 것이다.

앞으로 교회 공동체는 기독교의 순수한 신앙을 고수해야 하고 구속사적 사명 또한 지켜나가야 할 것이다. 마찬가지로 생명공학 기술시대에 잊지 말아야 할 것은 과학적 사실이라는 것에 있다. 우리는 신학과 과학이 서로 평행선을 달리면서 마주하는 학문이 아니라 모든 하나님의 섭리 안에서 만들어지는 과정으로 받아들여야 할 것이다.

프랑스 속담에 개와 늑대의 시간이라는 것이 있다. 어둠이 짙게 깔린 새벽 미명 내 앞에 멀리서 다가오는 희미한 물체가 점점 나에게 오면서 선명해진다. 그러나 그 희미한 물체는 나를 향해 반겨줄 개인지 아니면 나를 헤치려 드는 늑대인지 아직 무엇인지 모르는 시간, 희망과 공포가 동시에 나에게 다가오는 시간을 개와 늑대의 시간이라고 부른다. 지금 생명공학 기술이 인류 공동체로 파고든다. 그 기술이 우리에게 희망이 되는 시간인지, 아니면 인류의 재앙을 몰고 올 공포의 시간인지 점점 우리에게 다가오고 있다.153)

* '이미'와 '아직'의 사이. 종교가 답할 시간

과학기술이 우리 삶에 파고들기 전 우리들은 아기를 하늘에서 내려준 은총으로 간주했다. 생명의 신비로운 탄생은 신의 개입과 섭리 가운데 생긴다고 했다. 그 놀라운 생명 탄생의 신비감은 가족 구성원 모두에게 기쁨과 희망을 안겨주었다. 과학기술이 더욱 삶의 영역에 파고들면서 인류는 아이가 태어나는 과정이 수정 후 착상의 과정을 거쳐 태아로 이어지는 과학적 사실을 수용하게 되었다. 이후 인공수정 기술이 발달하면서 자궁 외 임신까지 가능하게 되었고 오늘날 인공수정 기술은 우리 사회에서 자연스럽게 받아들여졌다.

지금 우리는 인공수정 기술을 넘어서고 있다. 이제 우리는 우리의 아이의 유전자를 마음대로 정해 맞춤형 아기로 만들 수 있는 시대를 경험하고 있다.

앞으로 인간복제시대가 우리 앞에 닥친다고 가정해보자. 그때는 '이미' 복제기술과 그 기술로 태어난 아이들의 실존의 문제를 논의하기에는 너무 늦지 않을까? 우리는 '복제인간은 자

---

153) 김광연, 『유전자 정치와 호모 데우스』, 186-187.

연적으로 태어난 사람과 동일한가?' 또는 '우리는 이 사회에서 어떻게 복제인간을 수용해야 하는가?'를 두고 고민해야 할 것이다. 어쩌면 우리는 기존에 논의했던 복제기술의 윤리적 문제가 아니라 다른 형태의 논의까지 외연을 확장해야 할 것이다. 우리에게 이와 같은 준비가 요구되는 것은 과학자들이 지금도 복제인간 실험을 하고 있다는 사실에서이다.

현재 우리의 어쩌면 과학적 사실을 도외시하지는 않는가? 혹시 우리는 하나님께서 모든 일들을 해결해줄 것'이라는 기대감을 가지고 있는 것은 아닌가? 또는 '인간복제 기술만큼은 하나님이 막을 것이다'라는 신념으로 우리가 안일하게 생각하고 있지는 않는가? 지금 세계 각국에서는 유전자 편집 기술을 경쟁하듯 선보이고 있다. 이에 우리가 과학적 사실을 무조건 부정하고 신학적 논의와 종교적 성찰에만 의존한 채 정체된 생각에 머물러 있어서는 안 될 것이다. 우리가 이 학문에 대해 지나치게 배타적인 자세를 갖기보다는 기독교 공동체는 생명복제 기술이 오는 것을 예상하고 이 기술의 부작용에 대해서도 항상 주의해야 한다.

* 신학, 과학을 친구로 받아들여야

우리는 기독교 생명윤리에 대한 관심과 토양화 작업에 함께 해야 한다. 한국 신학은 인간의 생명을 다루는 주제, 특히 생물학적 인간을 연구하는 것에 소홀했다. 앞으로 우리에게 필요한 신학의 과제는 엄밀성을 추구하는 과학적 사실과 긴밀한 관계를 맺어야 한다. 신학은 이제 과학을 친구로 받아들여야 한다. 신학자는 과학적 사실을 수용하고 이를 바탕으로 기독교생명 연구 영역을 확장시켜 나가야 할 것이다. 우리는 신학을 연구함에 있어서 과학적 사실을 수용하고 동시에 비판해야 한다. 지금 한국에서는 체세포 복제기술이 제한적으로 허용되었다. 어디 앞으로 이뿐이겠는가? 다른 기술적인 특허와 생명공학 기술들이 허용될 가능성도 제기된다. 우리는 이런 기술에 대해 무조건 거부할 것이 아니라 왜 잘못되었는지 비판할 수 있어야 한다. 지금 과학기술은 빠르게 질주하고 있다. 우리는 과학기술이 가진 양면성 모두를 검토해야 할 것이다. 기술이 가진 긍정의 효과와 부정의 측면들 모두를 바라보는 가치관이 필요하다.

무엇보다 기독교 공동체는 유전학의 발달과 그 학문의 성격을 수용하는 포용적 자세가 필요하다. 미래 생명복제 기술 시대에는 기독교생명윤리뿐만 아니라 유전학의 역할을 필요로 한다. 앞으로 복제시대에는 기존의 전통적 윤리학에서 논의한 것과는 달리 새로운 기독교생명윤리와 유전학의 통섭 또는 발생분자학과의 상호 교류가 필요하다. 인간의 유전자는 다음 세대에 상당부분 영향을 미친다. 신학은 인간의 유기적이고 생물학적 존재를 받아들이는 동시에 유전자의 영향과 과학기술이 가진 가능성을 연구하는 것도 필요하다. 다만 이 과정에서 비판적 수용을 가지고 과학기술을 인정해야 할 것이다. 앞으로 신학적 과제는 생명복제 기술의 성찰 없는 비판보다는 긍정의 수용과 부정의 비판이 필요하다. 이에 우리는 유전학과 복제기술 그리고 신학과 철학, 의학을 모두 접목시킨 기독교유전학생명윤리를 발전시켜야 한다. 이를 위해 신학은 과학을 친구로 맞이할 수밖에 없을 것이다. 친구로 맞이한 과학은 윤리적 반성을 통해 인간의 질병을 치료하는 목적에서만 연구하는 과학일 것이다. 그리고 무절제한 인간의 욕심으로 빚어지는 기술을 경계하는 과학일 것이다.

자연은 스스로를 복원하면서 그 생명을 유지해 나간다. 환경부와 생태계 복원을 연구자들은 지리산에 반달곰을 방사했다. 반달곰이 지리산에 정착하면서 나무를 가지를 꺾는다. 그들은 나무 둥지를 번식처로 삼는다. 이 과정에서 많은 나무들이 훼손된다. 하지만 나무가 훼손이 되더라도 그 숲은 번창하게 된다. 오랜 시간 자연 상태에서 그 숲은 더욱 울창한 자연의 숲으로 보존된다. 바로 공진화(共進化) 때문이다. 공진화는 여러 다양한 종들이 상호관계를 통해 생존에 영향을 미치는 것을 말한다. 반달곰이 비록 나무를 훼손하지만 자연의 숲은 더욱 울창하게 된다. 반달곰이 먹은 열매의 씨앗이 배설물로 나와 땅에 떨어져 자연 발화된다. 이 과정이 반복되면 많은 나무는 흙에 뿌리를 내리고 울창한 숲이 만들어진다.

또한 제4차 산업혁명 및 생명공학시대가 우리들 삶의 양식에 등장할 경우를 미리 대비해서 복제인간들의 정체성에 여러 혼란을 가중시키지 않기 위해 공동체의 노력이 필요하다. 비록 미래의 어느 순간 복제인간이 태어난다면, 그들은 우리와 같은 유전형질을 가진 호모 사피엔스의 종이다. 그들도 우리들과 마찬가지로 생각하고 감정을 공유할 수 있는 존재이다.

우리는 앞으로 복제인간을 대할 때 아프고 약자들에게 다가가 직접 발을 씻기시고 치료해주신 예수의 가르침을 본받아 그들에게 다가가야 하는지 논의가 필요해 보인다. 미래 생명복제시대에 예수님이라면, 복제인간을 어떻게 대할까? 예수님이라면 복제인간을 정죄하기보다는 그들을 사랑으로 품지 않았을까?

* 판도라의 상자를 다시 열 시간

현재 생명공학 기술의 잠재성은 한 치 앞을 예상하기 어렵다. 인류는 그만큼 기술의 속도가 빠르고 또한 어떻게 전개될지 모르는 상황에 직면해 있다. 과학기술이 우리의 예상, 즉 인간복제 기술이나 인간과 동물 종의 교접까지 나아가지 않을 것이라는 신념과 달리 그럼에도 불구하고 과학기술이 점점 우리의 기대와 다른 방향으로 나간다면 우리는 어떻게 해야 하는가? 인간복제 기술이 99%의 실패를 가지고 오는 것과 달리 미지의 영역에서 1%의 가능성이 실현된다면 우리는 어떻게 해야 하는가? 우리는 질문을 던져야 한다. 비록 생명공학 기술이 아직은 미완성의 영역에 있다고 해도 여전히 실현 가능성은 있다는 사실에 대해 항상 질문을 던져야 한다.

프로메테우스는 판도라의 미모를 보고 아름답다고 했지만, 마음에는 거짓을 품고 있다는 것을 알고 있었다. 에피메테우스는 판도라의 미모에 반해 그녀와 결혼했다. 제우스는 그들 부부에게 선물 상자를 하나 주었다. 그 상자를 주면서 “이 상자는 어떠한 일이 있어도 열어서는 안 되며, 안전한 곳에 보관하라.”고 일렀다. 프로메테우스는 제우스가 주는 선물을 받지 말라고 했지만 상자를 집 한 쪽에 숨겨두었다. 그러고 둘은 행복한 시간을 보내든 중에 판도라는 그 상자 속이 궁금해서 에피메테우스에게 물었다. 그러나 그녀의 말에 그는 단호하게 거절했다. 제우스의 말을 명심하고 있어서 그 상자를 결코 열 수 없었다. 하지만 그녀는 그가 외출한 사이 상자를 열었다.

상자를 열자마자 질투, 분노, 가난, 고통, 질병, 굶주림 등 앞으로 겪게 될 온갖 재앙이 밖으로 쏟아져 나오고 단지 희망만이 그 상자 속에 남았다. 희망은 그렇게 상자 속에 고이 보관된 것이다. 판도라의 상자는 열어서는 안 될 비밀의 공간이었지만, 판도라의 욕심으로 온갖 재앙이 세상에 퍼지고만 그리스 신화에 나오는 상자였다. 이제 생명공학의 판도라 상자가 열렸다. 유전공학 기술과 인공지능 기술이 세상으로 튀어나왔다.

판도라의 상자는 하나님의 창조세계가 들어 있는 채 뚜껑이 닫혔다. 또다시 우리는 판도라의 상자를 열어 그 속에 갇혀 있던 자연의 세계, 신의 창조와 섭리가 그대로 녹아 있는 세계를 끄집어낼 때가 되었다. 복제인간과 인공지능시대가 무섭게 다가오고 있다. 지금 이 순간 이후, 인간과 기계의 경계가 허물어지고 있다. 과학기술이 종교에게 질문한다. 우리가 그 질문에 서서히 대답해야 할 것이다. 판도라의 상자의 이야기는 여기서 끝나지 않는다. 유전자 편집 기술, 인공지능, 휴머노이드 기술 등은 더 이상 우리가 지체할 수 없는 공동체의 이야깃거리이다. 휴머노이드 로봇이 인류에게 말한다. "이제 우리의 존재에 대해 깊이 생각해보라."

참 고 문 헌

1. 국내 문헌 및 논문

구영모. "생명공학 발전의 윤리적 쟁점들", 「환경과 생명」 Vol. 21, 1999.

_____. "인간생식 연구와 시술의 윤리", 「과학사상」 Vol. 21, 1999.

_____. "생명의료윤리란 무엇인가?", 『생명의료윤리』. 동녘, 2014.

구인회. 『생명윤리의 철학』. 철학과현실사, 2002.

김광연. 『유전자 정치와 호모 데우스』. 서현사, 2018.

김국태. "칸트의 존엄성 개념에서 본 인간복제의 윤리적 문제", 「시대와 철학」 Vol. 12, 2001..

김균진. "창조신학의 관점에서 본 자연과 인간의 관계", 「한국조직신학회」 vol. 4, 1999.

_____. "오늘의 생태학적 위기와 신학", 「신학논단」 Vol. 17, 1987.

김상득. 『생명의료윤리학』. 철학과현실사, 2001.

_____. 『유전자 윤리학』. 철학과현실사, 2009.

김선욱. 『정치와 진리』. 책세상, 2001.

_____. "인간 존엄성의 철학적 근거와 존엄성의 의미", 「사색」 제21집, 2005.

_____. 『행복의 철학』. 길, 2011.

김선희. 『과학기술과 인간의 정체성』. 아카넷, 2012.

김영진. 『화이트헤드 유기체 철학』. 그린비, 2012.

김영한. 『21C 세계관과 개혁신앙』. 예영커뮤니케이션, 2006.

김용해. "인간 존엄성과 인권을 근거 짓는 작업에서의 문제들", 「사회와 철학」 Vol. 6, 2003.

김태완. "예외성의 철학: 조르조 아감벤의 호모 사케르", 「문학과 사회」 제17권 3호, 2004.

김창환. 『유전자와 정신세계』. 일조각, 2001.
김환석. "생명정치의 사회과학, 어떻게 할 것인가?", 「경제와 사회」 통권 제97호, 2013.
_____. "의료화에서 생의료화로", 「과학기술학연구」 제14권, 2014.
김현섭. "유전자편집기술의 윤리적 문제와 생명윤리법의 재검토", 「한국의료윤리학회지」, 제20권, 2017.
남순예. "생태-환경에 관한 화이트헤드 철학의 고찰", 「한국환경」 Vol. 11, 2008.
라정찬. 『줄기세포』. 위즈덤하우스, 2010.
마정미. 『포스트휴먼과 탈근대적 주체』. 커뮤니케이션북스, 2014.
맹용길. 『예수의 윤리』. 살림출판사, 2008.
문성학. "인간 존엄성 테제에 한 칸트의 증명과 문제", 「철학연구」 제96호, 2005.
문창옥. 『화이트헤드 철학읽기』. 동과서, 2005.
박세필. 『줄기세포』. 동아사이언스, 2005.
박은정. 『줄기세포 연구윤리의 어제와 오늘』. 세창출판사, 2007.
박지환 외 2인. "배아줄기세포 자가증식 및 분화의 후성유전적 조절", 「한국생화학 분자생물학회」 34권, 2014.
백종현. 『서양근대철학』. 철학과현실사, 2001.
_____. "인간개념의 혼란과 포스트휴머니즘 문제", 「철학사상」 51권, 2015.
서강대학교 생명문화연구소 편. 『생명과학과 생명윤리』. 한국학술정보, 2012.
서양근대철학회. 『서양근대철학사』. 창작과비평, 2001.
성환후 외 6인. "체세포 복제기술의 현황과 사업적 활용", 「농업과학연구」 Vol.49, 2015.
송기원. 『생명과학, 신에게 도전하다』. 동아시아, 2017.
신상규. 『호모 사피엔스의 미래』. 아카넷, 2014.

심상태. 『인간, 신학적 인간학 입문』. 서광사, 1989.

양운덕. “생명권력과 생명정치”, 「진보평론」 Vol. 47, 2011.

양해림. “생태계의 위기와 책임 윤리의 도전”, 「철학」 Vol. 65, 2000.

_____. “니체와 트랜스휴먼-슬로터다이크의 포스트휴머니즘론을 중심으로”, 「한국니체학회」 23권, 2013.

_____. “생태계의 위기와 책임윤리의 도전”, 「철학」 제65집, 2000.

염운옥. 『생명에도 계급이 있는가?』. 책세상, 2009.

_____. “영국의 우생학 운동과 산아제한(단종법에 관한 논의를 중심으로)”, 「영국연구」 제12호, 2004.

유 민. 『유전학』. 월드사이언스, 2011.

이상원. “생명윤리와 기독교 교육”, 「기독교교육연구」, Vol. 16 No.1, 2006.

이상헌. 『융합시대의 기술윤리』. 생각의나무, 2012.

이승구. 『인간복제 그 위험한 도전』. 예영커뮤니케이션, 2003.

이일학. “의학연구에서 위험성 평가”, 「생명윤리 정책연구」 Vol..2, 2008.

_____. “임신중절의 허용여부에 관한 윤리적 관점들”, 「한국의료법학회」 Vol. 11, 2011.

이일학 외. “유전자 맞춤의학연구와 위험의 개념 이해”, 「생명윤리정책연구」 제6권 2호, 2012.

이은선. “한스 요나스의 책임의 원리”, 「신학사상」 Vol. 73, 1991.

이진경. “현대 자본주의와 생명의 권리”, 「탈경계 인문학」 제2권 2호, 2009.

이진우. 『인간복제에 관한 철학적 성찰』. 문예출판사, 2004.

이화인문과학원. 『포스트휴먼의 무대』. 아카넷, 2015.

이현주 외 11인. 『복제』. 케포이북스, 2015.

장춘익. 『하버마스의 사상』. 나남출판사, 2001.

전현식. 『페미니즘과 기독교 윤리』. 예영커뮤니케이션, 2005.

_____. “창조의 보편적 복지에 대한 생태, 윤리적, 과정 신학적 고찰”, 「한국기독교 신학논총」 제28집, 2003.
_____. “인간줄기세포 연구에 대한 에코페미니즘의 비판적 성찰”, 「한국기독교신학 논총」 Vol. 44, 2006.
_____. “기후변화와 현대 생태 담론의 흐름”, 『기후붕괴시대, 아주 불편한 진실, 조금 불편한 삶』. 동연출판사, 2010.
_____. 『포스트 휴먼 시대, 생명신학 교회를 돌아보다』. 동연, 2017.
장도론. 『예수 중심의 생태신학』. 대한기독교서회, 2002.
정화열. 『몸의 정치와 예술 그리고 생태학』. 아카넷, 2005.
조주현. “생명정치, 벌거벗은 생명, 페미니스트 윤리”, 「한국여성학」 제24호, 2008.
채오병 · 배태섭. “생명사회성론의 성과와 한계” 「사회와 이론」 통권 제22호, 2013.
최경석. “생명윤리와 연구윤리”, 「사고와 표현」 Vol. 2, 2009.
최재천 외 6인. 『사회생물학, 인간의 본성을 말하다』. 산지니, 2008.
표재명. 『키에르케고르 연구』. 지성의 샘, 1995.
하대청. “지구적 생명정치와 위험의 개인화”, 「경제와 사회」 제97호, 2013.
허유선. “도덕적 주체로서의 인간과 정언명법”, 「철학·사상·문화」 Vol. 3, 2006.
현원복. “생명체복제 현황과 문제점”, 「과학과 기술」 Vol. 30, 1997.

2. 국내 번역 문헌

그나나칸, 켄/이상복 옮김. 『환경신학』. 기독교연합신문사, 2005.
글로버, 조너선/김선욱 · 이양수 옮김. 『휴머니티』. 문예출판사, 2008.
길리건, 캐롤/허란주 옮김. 『심리이론과 여성의 발달』. 철학과현실사, 1994.
들뢰즈, 질 · 가타리, 펠릭스/김재인 옮김. 『천 개의 고원』. 새물결,

2001.
레비, 프리모/이현경 옮김. 『이것이 인간인가?』. 돌베개, 2007.
렘케, 토마스/심성보 옮김. 『생명정치란 무엇인가?』. 그린비, 2015.
레비, 프리모/이현경 옮김. 『이것이 인간인가?』. 돌베개, 2007.
리프킨, 제레미/전영택 옮김. 『바이오테크 시대』. 민음사, 1999.
립턴, 브루스 H./이창희 옮김. 『당신의 주인은 DNA가 아니다』. 두레, 2001.
머천트, 캐롤린/허남혁 옮김. 『래티컬 에콜로지』. 이후, 2007.
맥컬리, 레날드 · 바즈, 제람/홍치모 옮김, 『인간, 하나님의 형상』. 한국기독학생회출판부, 1992.
맥페이그, 샐리/장윤재 · 장양미 옮김. 『풍성한 생명』. 이화여자대학교출판부, 2008.
몬딘, 바리스타/윤주현 옮김. 『신학적 인간학』. 가톨릭출판사, 2011.
몰트만, 위르겐/곽혜원 옮김. 『희망의 윤리』. 대한기독교서회, 2012.
_____/김균진 옮김. 『창조 안에 계신 하느님』. 한국신학연구소, 2007.
_____/곽미숙 옮김. 『세계 속에 있는 하나님』. 동연출판사, 2009.
몽고메리, J. B./문원욱 옮김. 『창조와 타락』. 솔라피데출판사, 2013.
뱁코크, W. S./문시영 옮김. 『아우구스티누스의 윤리학』. 서광사, 1998.
버캠, 리처드/김도훈 · 정형 옮김. 『몰트만의 신학』. 크리스천헤럴드, 2008.
블랑크, 찰스/이창실 옮김. 『키에르케고르』. 동문사, 2004.
블로흐, 에른스트/박설호 옮김. 『자연법과 인간의 존엄성』. 열린책들, 2011.
샌델, 마이클/이양수 옮김. 『정의의 한계』. 멜론출판사, 2012.
_____/강명신 옮김. 『생명의 윤리를 말하다』. 동녘출판사, 2010.
슬로터 다이크, 패터/이진우 · 박미애 옮김. 『인간농장을 위한 규칙』. 한길사, 2004.

스콧, 크리스토퍼 토머스/이한음 옮김 .『줄기세포』. 한승, 2006.
애링턴, 로버트 L./ 김성호 옮김, 『서양윤리학사』 서광사, 2003.
요나스, 한스/이진우 옮김. 『책임의 원리』. 서광사, 1994.
_____/이유택 옮김. 『기술 의학 윤리』. 솔출판사, 2005.
_____/한정선 옮김. 『생명의 원리』. 아카넷, 2001.
아렌트, 한나/김선욱 옮김. 『칸트 정치철학 강의』. 푸른숲, 2002.
앤드루스, 로리 · 넬킨, 도로시/김병수 옮김. 『인체 시장』. 궁리, 2001.
에티엔느 질송, 에티엔느/김태규 옮김. 『아우구스티누스 사상의 이해』. 성균관대학교출판부, 2010.
윌머트, 이언 · 하이필드, 로저/이한음 옮김. 『복제양 돌리 그 후』. 사이언스북스, 2009.
웬함, 고든/박영호 옮김. 『창세기 1-15』. 솔로몬, 2001.
채드윅, 헨리/김승철 옮김. 『아우구스티누스』. 시공사, 2001.
카텝, 조지/이태영 옮김. 『인간의 존엄』. 말글빛냄, 2012.
커즈, 레이/김영남 · 장시형 옮김. 『특이점이 온다』. 김영사, 2007.
판넨베르크, 볼트하르트/오성현 옮김. 『기독교윤리의 기초』. 한들출판사, 2008.
캐니, 앤서니/김성호 옮김. 『고대철학』. 서광사, 2008.
콜랙, 레기네/김재영 · 박재홍 옮김. 『새로운 뇌 과학』. 한울, 2010.
푸코, 미셸/이규현 옮김. 『성의 역사』. 나남출판사, 2004.
_____. 오생근 옮김. 『감시와 처벌』. 나남출판사, 2003.
하버마스, 위르겐/장은주 옮김. 『인간이란 자연의 미래』. 나남, 2003.
_____/이진우 옮김. 『탈형이상학적 사유』. 문예출판사, 2000.
해밀턴, 빅터/임요한 옮김, 『창세기 I 』. 부흥과 개혁사, 2016.
헤어브레이트, 슈테판/김연순 · 김응주 옮김. 『포스트휴머니즘-』. 성균관대학교출판부, 2002.
헤일스, 캐서린/허진 옮김. 『우리는 어떻게 포스트휴먼이 되었는가』. 열린책들, 2013.

헨리, 매튜/원광현 옮김. 『메튜헨리주석 창세기』. 크리스챤다이제스트, 2008.

호르크 하이머, 막스/박구용 옮김. 『도구적 이성 비판』. 문예출판사, 2004.

호친스키, 토마스/장황식 · 이경호 옮김. 『화이트헤드 철학 풀어읽기』. 이문출판사, 1988.

3. 신문 및 인터넷 자료

"질병관리본부, 인플루엔자 유전자 정보공개", YTN 2013년 1월 28일자.

"유한양행 유전자 맞춤 건강관리 서비스 출시", 내일신문, 2013년 1월 30일자.

"황우석 세계최초 매머드 세포배양 성공에 법적 분쟁 소식 급등", 서울경제, 2015년 7월 15일자.

"찰떡궁합 보다 DNA궁합이 우선", 동아닷컴 매거진 주간, 2008년 4월 19일자.

"세 부모 DNA 아기 허용… 불임치료, 맞춤 출산 논란", 경향신문, 2015년 2월 4일자.

"엄마 2명, 아빠 1명, '세 부모 아기' 첫 탄생", 동아사이언스, 2016년 9월 29일자.

"한번 더 진화한 세 부모 아기", 매일경제신문, 2016년 12월 7일자.

"세 부모 체외수정, 시술로 유전병 해소 기대", 연합뉴스, 2016년 12월 1일자.

"지능, 외모, 내 마음대로 맞춤아기 논란", 연합뉴스 YTN 2015년 1월 30일자.

"신의 영역에 도전, 크리스퍼(CRISPR) 축복인가, 재앙인가?", IT 뉴스, 2015년 11월 26일자.

"사람 머리 통째 이식, 프랑켄슈타인 수술, 내년 12월 수술", 서울신문 2016년 8월 4일자.

"체세포 복제 줄기세포 연구, 7년 만에 다시 길 열렸다", 중앙일보, 2016년 7월 12일자.

"메모리칩 뇌에 이식 '고드명 J' 탄생 현실로", 문화일보 기사, 2013년 5월 8일자.

"유전자 편집시대, 과학은 축복인가, 재앙인가" 동아뉴스, 2015년 11월 7일자.

Paul House, "Robert Hooke and The Discovery of the Cell", *Science of Aging*, 2009.

"너 없으면 4년 내 멸망, 꿀벌아 지구를 지켜줘", 동아일보, 2015년 5월 9일자.

"20년 전 오늘, 복제 양 '돌리' 탄생", 동아사이언스 2016년 7월 4일자.

"수저계급론, 부모 재산 등에 따라 금수저부터 플라스틱 수저까지?… 사회현실 자화상", 동아경제, 2015년 10월 28일자.

"키 178㎝ 허리 61㎝가 표준? 여성들 마네킹에 뿔났다", 중앙일보, 2017년 7월 27일자.

4. 외국문헌

Agamben, G. *Homo Sacer: Sovereign Power and Bare Life*. Stanford: Stanford University Press. 1998.

Agar, N. "Liberal Eugenics." *Public Affairs Quarterly*. 1998, Vol. 12: 139-140.

Arendt, H. *Lectures on Kant's Political Philosophy by Hannah Arendt*. Chicago: University of Chicago Press, 1989.

Beauchamp, T. L., Childress, J. F. *Principle of Biomedical Ethics*. New York: Oxford University Press, 2009.

Bauckham, R. *The Bible and Ecology*. Texas: Baylor University Press,

2010.

Bernard, W. *Ethics and the Limits of Philosophy*. Cambridge: Harvard University Press, 1985.

Beresford, D. "My Life as a Cyborg." *Higher Education*. 2002.

Blank, R. H & Samuel M. Hines Jr, S. M. *Biology and Political Science*. New York: Routledge, 2001.

Bonhoeffer, D. *Schöpfung und Fall*. München: Versuchung, 1968.

Bostrom, N. *Human Dignity and Bioethics*. New York: Nova Science Publisher, 2008.

_____. "Why I Want to be a Posthuman When I Grow Up." Bert Bordijin and Ruth Chadwick, *Medical Enhancement and posthumanity*. New York: Springer, 2008.

Brooker, R. J. *Genetics: Analysis & Principles*. New York: Mc Graw-Hill, 2005.

Brown, M. B. "Three Ways to Politicize Bioethics." *The American Journal of Bioethics*. 2009.

Calhoun, C. "On Being Content with Imperfection." *Ethics(2017): An International Journal of Social, Political, and Legal Philosophy*. Chicago: University of Chicago, 2017.

Cobb, J. B.& Charles Birch, *The Liberation of Life: Contemporary Approaches to Ecological Theology*. Denton: Environmental Ethics Books, 1981.

Cobb, J. "Process Theology and An Ecological Model." *Pacific Theological Review(15)*, Ed. by Dieter Hessel, Theology for Earth Community. 1981.

Clark, A. *Naturla-Born Cyborgs*. Oxford: Oxford University Press, 2003.

_____. *Supersizing the Mind*. Cambridge: Cambridge University Press,

2008.

Comfort, N. "The Eugenic Impulse." *The Chronicle of Higher Education.* 2012: 42-45.

Cyranoski, D. "Human Stem Cell created by cloning." *Nature 497.* 2013: 295-296.

Daphne Hampson, *Kierkegaard: Exposition and Critique.* Oxford: Oxford University Press, 2013.

Diettrich, O. "Darwin, Lamarck and the Evolution of Science and Culture." *Evolution and Cognition.* Vol 2. No3. 1992: 1-2.

Feher, F. & Heller, A. *Biopolitics.* Avebury: Brookfield, 1994.

Galton, F. *Their Nature and Their Nurture.* London: Macmillan, 1874.

_____. *Inquiries into Human Faculty and Its Development.* London: Macmillan, 1883.

Gareth, D. "The Emergence of Persons." *From Cells to Souls and Beyond.* ed. Malcolm Jeeves, Michigan: Erdmans Publishing Company, 2004.

Hampson, D. *Kierkegaard: Exposition and Critique.* Oxford: Oxford University Press, 2013.

Gee, G. M./ Caplan, A. "The Ethics and Politics of Small Sacrifices in Stem Cell Research." *Kennedy Institute of Ethics Journal.* 1999.

Haeckel, E. *Naturliche Schoepfungsgeschichte.* Berlin: Berlin Publisher, 1868.

Harraway, D. J. *A Manifesto for Cyborgs: Science, Technology, and Socialist Feminism.* New York: Routledge, 1991.

Hardin, G. "The Tragedy of the Gommons." *Science 162*(1968).

Harris, J. *Clone, Genes and Immortality.* Oxford: Oxford University Press, 1998.

Harris, J & Holm, S. *The Future of Human Reproduction.* Cambridge: Cambridge University Press, 1998.

Hodge, C. *Systematic Theology.* Grand Rapids: Eerdmans, 1952.

Isherwood, L. & Stuart, E. *Introducing Body Theology.* Sheffield: Sheffield Academic Press, 1998.

Kant, I. *Grundlegung zur Metaphysik der Sitten.* Frankfurt: Schurkamp, 1956.

Kass, L. *Flesh of My Flesh: The Ethics of Cloning Humans.* New York: Roman & Littlefield, 1998.

_____. *Human Cloning and Human Dignity.* New York: Public Affairs Books, 2002.

Kevele, D. *In the Name of Eugenics.* New York: Alfred Knopt, 1985.

Kjellen, J. R. *Der Staat als Lebensform.* Berlin: Kurt Vowinckel Verlag, 1924.

Kierkegaard, J. *Concluding Unscientific Postscript to Philosophical Fragments.* Vol 1(1846).

Kuhse, H & Singer, P. *A Companion To Bioethics.* Massachusetts: Blackwell Publishers Ltd, 2001.

Long, A. A. *The Cambridge Companion to Early Greek Philosophy.* New York: Cambridge University Press, 1999.

Lori, A. *Medical Genetics.* Chicago: American Bar Foundation, 1987.

Macklin, R. "Dignity is a Useless Concept." *BMJ 327*, 2003: 1419-1420.

Mcfague, S. *Model of God: Theology for an Ecological, Nuclear Age.* London: SCM Press, 1987.

Mummery, C. & Ian Wilmut, I. *Stem Cells: Scientific facts and fiction.* London: Academic Press, 2011.

Parks, Jennifer A.& Wike, Victoria, S. *Bioethics: in a Changing World.*

New Jersey: Pearson Education Inc, 2010.

Parson, H. *Marx and Engels on Ecology*. Westpott, CT: Greenwood Press, 1977.

Pence, G. E. *Who's Afraid of Human Cloning?*. New York; Rowman & Littlefield Publishers, INC, 1998.

Prentice, D. *Stem Cells and Cloning*. San Francisco: Benjamin Cumming, 2002.

Proctor R. *Cancer War*. New York: Basic Books Publisher, 1995.

Raushchenbusch, W. *Christianizing the Soul Order*. New York: Macmillan, 1912.

Rabinow, P. *Essays on the Anthropology of Reason*. New Jersey: Princeton University Press, 1996.

_____. *Artificiality and enlightenment: From sociobiology to biosociality*. in J. Cray & S. Kwinter ed. Incorporations. New York.: Zed Books. 1996.

Raulerson, J. T. "Singularities: technoculture, transhumanism, and science fiction in the 21st Century." *Iowa Research Online*, 2010: 2-3.

Robinson, W. J. *Eugenics, Marriage and Birth Control*. New York: Bibliolife, 1917.

Rudd. A. *Kierkegaard and The Limits of The Ethical*. New York: Oxford University Press, 1997.

Sandel, M. J. *The Case Against Perfection*. Cambridge: Harvard University Press, 2007.

Schwartz C. R. "Nature and Nurture: The Interplay of Biology and Politics in the Work of Francis Galtion." *Studies in History of Biology*, No 1(1977): 136-137.

Singer, P & Kuhse, H. *A Companion to Bioethics*. New York:

Wiley-Blackwell, 2008.

Singer, P. *Practical Ethics.* London: Cambridge University Press, 1980.

_____. *Animal Liberation.* New York: Haper Collins Publisher, 2002.

Saleeby, C. W. *The Methods of Race Regeneration.* London: Cassell Publisher, 1911.

_____. *The Progress of Eugenics.* New York: Cassell and Company Ltd, 1914.

Schleiner, W. *Medical Ethics in the Renaissance.* Washington, D.C: Georgetown University Press, 1995.

Smith, A. "Embryonic Stem Cell."ed. Daniel R. Marshak & Richard L. Gardner, *Stem Cell Biology.* New York: Cold Spring Harbor, 2001.

Spencer, H. "A Theory of Population, Deduced from the General Law of Animal Fertility." *Westminster Review 1* (1852): 389-390.

Stephen, S. *Human Embryonic Stem Cell.* New Jersey: John Wiley & Sons, 2007.

Sylvia Walsh, *Kierkegaard; Thinking Christianly in an Existential Mode.* New York: Oxford University Press, 2009.

Tillich, P. *Systematic Theology I.* Chicago: University of Chicago Press, 1973.

_____. *The Courage to Be.* New Haven: Yale University Press, 1952.

Veatch, R. M. *The Basics of Bioethics.* New Jersey: Prentice-Hall Inc, 2000.

Vinge, V. "Technological Singulaity." ed. Max More & Natasha Vita-More, *The Transhumanist Reader,* West Sussex: John Wiley & Sons, 2013.

Von Rad, G. *Genesis.* Philadelphia: Westminster, 1972.

_____. *Old Testament Theology.* London: SCM Press, 1976.

Walters, L. & Johson, N. *The Ethics of Human Gene Therapy*. New York: Oxford University Press, 1997.

Warren, K. J. "The Power and the Promise of Ecological Feminism." *Ecological Feminist Philosophies*. ed. Karen J. Warren, Bloomington: Indiana UP, 1996.

Walsh, S. *Kierkegaard; Thinking Christianly in an Existential Mode*. New York: Oxford University Press, 2009.

Whitehead, A. N. *Science and The Modern World*. New York: Macmillan, 1925.

_____. *Process and Reality*. New York: Macmillan, 1929.

_____. *Model of Thought*. New York: Macmillan, 1968.

Wiener, N. *The Human Use of Human Beings: Cybernetics and Society*. New York: Doubleday and Company, 1954.

Williams, B. *Ethics and the Limits of Philosophy*. Cambridge: Harvard University Press, 1985.

찾 아 보 기

ㄱ

가렛 하딘(Garrett Hardin) 147
가설 131
가설연역적 방법 132
가인의 후예 95
가치(value) 189
가타카 53
감정의 개념 186
갓난아이 142
개기일식 169
개념의 형태 186
개념화 189
개량주의 47
개량주의 우생학 16, 18, 25, 49, 58, 63
개와 늑대의 시간 157
게놈 프로젝트 126
게놈(genome) 25
게르하르트 폰 라트 (Gerhard Von Rad) 102
결과론(consequentialism) 130
경험론 131
계속적인 창조 98
골든타임 164
공각기동대 66
공유지의 비극 147
공존 가능성 204
공진화(共進化) 147, 214
과학기술 4, 6
과학만능주의 8, 136
귀납적 방법론 131
귀납적 추론 131
그레고리 펜스 (Gregory E. Pence) 27
기계 장치의 신 159
기계 장치의 신 (deus ex machina) 8
기계화 시대 66
기관 없는 신체 (bodies without organs) 65
기독교생태공동체 114, 147
기독교유전자생명윤리 19, 21, 114, 115
기술 권력 55
기술 의학 윤리 128
기술의 개연성 86
기술의 사유화 109
기술행위 109
기억향상약물 173
기적소리 153

ㄴ

나비효과 4
낸시 웩슬러(Nancy Wexler) 28
냉동난자 50

ㄷ

단독자 177
데카르트 167
돌봄 142
돌봄의 윤리 143
동굴의 비유 166
동물복제 25, 26

디자이너 베이비 31, 127
디지털 휴머니즘 64
딜레마(dilemma) 190
딥 러닝(Deep Learning) 161

ㄹ
레온 카스(Leon Kass) 29
레이 커즈와일(Ray Kurzweil) 156
레플리카 73
로드킬 117
루돌프 불트만
(Rudolf Bultmann) 83
루이스 브라운(Louise Brown) 171
르네 데카르트(René Descartes) 4

ㅁ
마이클 샌델(Michael J. Sandel) 30
만인에 대한 만인의 투쟁
(Bellum omnium contra omnes) 95
맞춤아기(designer baby) 7, 16, 17, 21, 32, 34, 36, 59, 62, 68
머신러닝(Machine Learning) 161
메멘토 메타피직스
(Memento Metaphysics) 138
메멘토 모리(Memento mori) 136
메멘토(Memento) 136
메타모포시스 70, 76, 78, 83
목적론 165
목적적 가치 103
무도병 28
무성생식 44, 139
무인 승차권 155
미적 존재 174

ㅂ
바벨탑 56, 122
반인반수(半人半獸) 208
발생학적 책임 142
배려 121
배아 28
배아(embryo) 17
배아복제 26
배아복제 기술 38
배아줄기세포 127
배아편집기술 34
보살핌 121
복제기술 19, 25, 37, 42, 43, 57
복제시대 123
복제양 돌리(Dolly) 7, 25, 29
복제인간 21, 60
복제품 78
본성 길들이기 46
본성의 변화 61
빅데이터 161

ㅅ
사마리아인 143
사물인터넷 156
사유하는 존재 175, 178
사이보그 16, 66, 163
산업혁명 152
삼단논법 176
생각하는 주체 168
생명공학 49
생명공학자 38
생명담론 114
생명복제시대 51, 55
생명연장 79
생명연장 기술 33
생명의 바벨탑 39, 122

생명잉태 112
생명정치 17
생명평등 19, 210
생물의 다양성 84
생물통계학 24
생물학적 두뇌 33
생물학적 변화 77
생물학적 인간 113
생물학적 환원주의 111, 135, 189
생식세포 140
생식적 복제 26
생태영성 146
생태적 인간 83
서비스업 153
석유 에너지 153
선(先) 지식 62
선지식 62
선천성 유전질환 59
성장 호르몬 30
세부모법 35, 73
소피아(Sophia) 178
쇠렌 키에르케고르
(Søren Kierkegaard) 174
수공업 152
수정란 28
슈퍼 베이비(super baby) 61
슈퍼지능 33
슈퍼컴퓨터 181
스마트폰 155
스티븐 호킹(Stephen Hawking) 72
시로 마사무네 163
시험관 아기 171
신경이식 73
신경회로 199
신놀이(playing God) 4, 7, 42, 71
신명령론
(Divine Command Theory) 130
신본주의 5
신의 아이(child of God) 54
신체 증강(enhancement) 17
신체(body) 185
신체개량 기술 33
신학적 방법 113
실재(reality) 166
실존의 변화 80
실천윤리 142
심장(heart) 189

ㅇ

아가페 184
아우디레 115
아우디레(audire) 114
아이의 울음소리 142
아일랜드 60
아프리오리(a priori) 182
안톤 판 레이우엔훅
(Anton van Leeuwenhoek) 170
알고리즘 161
알파고(AlphaGo) 160
양육 121
얼굴인식(안면인식) 161
에로스 184
에로스의 반전 184
에코페미니즘 118
에피메테우스 216
여성환경연대 53
연대감 47
연역적 추론 방식 130
열성 유전자 52
영롱이(young-long) 42

올더스 헉슬리(Aldous Huxley) 92
외부 대상 185
요나스 56, 61
우생학(eugenics) 16 ,32, 36
우생학자 52
우성유전자 52, 54
우연의 영역 76
워렌(K. J. Warren) 118
원칙주의 144
위르겐 몰트만
(Jürgen Moltmann) 80
위르겐 하버마스
(Jürgen Habermas) 75
유기적 신체 186
유기적인 생명체 205
유도분화 줄기세포 31
유성생식 27, 44, 139, 140
유전공학 7, 8, 42
유전상담 52
유전자 52
유전자 가위 16
유전자 검사 35
유전자 결정론
(genetic determinism) 17, 106
유전자 맞춤 서비스 51
유전자 상품 51
유전자 선별 17
유전자 치료 26
유전자 편집 기술 33, 36, 119
유전자 풀(pool) 51
유전자공학 기술 126
유전자의 복제 43
유전적 강화 48
유전적 결정 45
유전적 결함 28
유전학 24, 52, 114
유전형질 52, 58
유한성 65
윤리적 공백 80
윤리적 반성 80
윤리적 존재 174
은총(giftedness) 85
의무론(deontological theory) 130
이데아 166
이언 윌머트(Ian Wilmut) 29
인간 길들이기 46
인간미 66
인간복제 16, 26, 123
인간복제 기술 38
인간복제시대 20, 56, 60
인간생식배아법 35
인간성 왜곡 61
인간의 뇌 186
인간의 마음 189
인간의 아이(child of human) 54
인간의 욕망 122
인간의 지배(Dominium terrae) 88
인간중심주의 18, 66
인공수정 50
인공수정 기술 112
인공지능(Artificial Intelligence, AI)
8, 16, 64, 80, 126, 160
인공지능 로봇 174
인어공주 208
인위적인 것 76
인종개량 32
인지기술 173
인체냉동보존술(cryonics) 32

ㅈ

자연 발화 214
자연의 순리 78
자연적인 것 76
자연현상 167
자율성 63
잠재적 인간 37
전통 형이상학 136
정글북 57
제4차 산업혁명 21, 32
제스처(gesture) 186
존 매카시(John McCarthy) 160
종교적 실존 176
종교적 존재 174, 181
종말론적 완성 97
줄기세포 157
증기기관차 152
GMO(Genetically Modified Organism) 68
GMO 기술 42
질 들뢰즈(Gilles Geleuze) 65
질병치료 79

ㅊ

찰스 데이번포트 (Charles B. Davenport) 24
창조세계 33, 103
창조자의 세계 80
책임윤리 209
책임의 영역 76
첨단기술의 변증법 79, 128
체세포 복제기술 7
체세포 핵이식 기술 43
체세포복제기술 140
체외수정 27
체외수정 시술 171
초인간(super man) 54
최초 창조 97, 98
충성된 종 145
치료용 복제 26
친밀함 121

ㅋ

카이로스(Kairos) 창조 98
카이로스적 창조 99
칸트 63
케럴 길리건(Carol Gilligan) 120
코로나바이러스감염증-19 (COVID-19) 166
코페르니쿠스적 전환 167
크로노스(Chronos) 창조 98
크로노스적 창조 100
크리스퍼 유전자 가위 (CRISPR-Cas9) 34, 127
클론(clone, 복제인간) 51

ㅌ

타자성 77
타자의 기획 62
탈형이상학적 형이상학 137
토머스 홉스(Thomas Hobbes) 95
톰테이토(Tom Tato) 68
트랜스휴머니즘(trans-humanism) 66, 172
트롤리 딜레마(trolley dilemma) 190

ㅍ

판도라의 상자(Pandora's box) 16, 33, 216
패러다임의 전환 126
페스트 167
페터 슬로터다이크(Peter Sloterdijk) 46
포괄적 사랑 143
포스트휴머니즘(post-humanism) 171, 172
프랜차이즈 155
프로메테우스의 욕망 56
프로스테시스 173
플라톤 166
필레오 184

ㅎ

하나님의 성품 91
하나님의 울음 86
하나님의 침묵 86, 149
하나님의 형상 64, 89, 91
하달식 방법 131
하이브리드(hybrid) 종 71
한스 요나스((Hans Jonas) 45, 128
핵치환 기술 31
허니문(honeymoon) 170
허젠쿠이(賀建奎) 69
헌팅턴병 28
현미경 170
협력봇(Co-bot) 178
형이상학(metaphysics) 4
형이상학의 복귀(회귀) 137
형이상학적 가치 113
형이상학적 붕괴 135
호르몬 결핍 30
호르몬 주사 72
호모 데우스(Homo Deus) 33, 82, 84
호모 렐리기우스(Homo Religius) 181
호모 사피엔스(homo sapience) 64, 68
호모 심비우스(Homo Symbious) 84
호모 이코노미쿠스 111
후성유전학(epigenetics) 106, 107, 116
휴머노이드 21, 22, 163, 178
휴머니즘(humanism) 5, 46, 172

김광연

숭실대학교 철학과를 졸업하고, 동대학원에서 석사학위(M.A)와 박사학위(Ph.D), 연세대학교 대학원에서 박사학위(Ph.D)를 받았다.
글쓴이는 유전자 편집 기술, 맞춤아기, 유전자 조작, 우생학, 인공지능, 트랜스휴머니즘 등 포스트휴먼 시대의 윤리적 논의들에 대해 연구하고 있다. 현재 숭실대학교 철학과에서 강의하고 있으며, 한국생명윤리학회 이사 및 기독교생명윤리학회 전문위원으로 활동했고 생명윤리와 인공지능윤리 연구에 몰두하고 있다.
논문은「자유주의 우생학과 생명정치: 유전자 결정론과 생명계급의 문제점을 중심으로」,「배아복제 기술의 윤리적 문제와 줄기세포 연구의 한계」,「칸트의 윤리학에 나타난 인간 존엄성의 근거와 보편 가능성으로서의 도덕법칙의 요청」,「생명공학시대의 유전자 조작 기술과 인간중심주의 비판」,「수정란과 배아의 지위에 관한 윤리적 고찰」,「GMO 식품에 나타난 유전자 조작 기술의 기독교 윤리적 비판」,「연명치료 중단에 관한 법 시행을 앞둔 윤리적 논쟁점과 방향 제시」,「트랜스 휴머니즘과 인간 양식의 변화에 나타난 윤리적 문제들」,「종차별주의 비판의 한계와 도덕적 존중의 의미」,「인공지능 및 사이버휴먼 시대의 윤리적 논쟁과 규범윤리의 요청」 등이 있다.

저서
『유전자 정치와 호모데우스』, 서현사, 2018.
『현대인과 성서』, 숭실대학교 출판부(공저), 2018.

생명의 바벨탑과 판도라의 상자

2020년 7월 15일 1판 1쇄 인쇄
2020년 7월 20일 1판 1쇄 발행

저　자 | 김광연
펴낸이 | 조재성
펴낸곳 | 서현사
주　소 | (10447)경기도 고양시 일산동구 중앙로 1055번지 206호
전　화 | 031-919-6643
팩　스 | 031-912-6643
등　록 | 2002년 8월 14일 제03-01392호
ISBN 979-11-88986-38-5　93190

정 가 14,000원